Geister im Computerfieber

Anna Eschenhagen

Geister im Computerfieber

Illustrationen von
Rabea Eschenhagen

Böhland & Schremmer Verlag

Unseren Lieben

Dieses Buch gehört

....

Seite

Boohuu

Huhh?
Buh

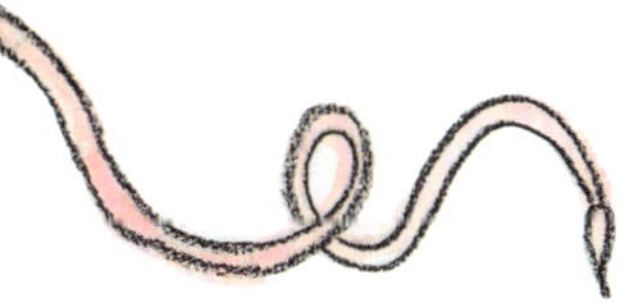

Geisterfreunde in Italien

ÖSTERREICH
SCHWEIZ
Meran
SLOWENIEN
FRANKREICH
ITALIEN
Florenz
Toskana
Rom
Sardinien
Sizilien

1. Was macht ihr in den Ferien?

»Das war knapp, meine Lieben«, hörte Herkules eine fröhliche Stimme über sich, als er und sein großer Bruder Tom im letzten Augenblick in die Straßenbahn sprangen. Die Türen schlossen, und Jonathan von Nobelnobel, der Schulgeist, wurde sichtbar. Er war so grün wie eh und je und turnte an einer der Stangen, die eigentlich zum Festhalten gedacht waren. Während er kopfüber baumelte, tanzten die Enden seines langen Schnurrbarts in der Luft und sein alter Gehrock flatterte.

Verstohlen sah Herkules sich um. Die Bahn war fast leer. Nur vorne beim Fahrer saßen zwei ältere Damen, doch die starrten zum Glück auf ihre Handys. Keuchend lief Herkules zum letzten Waggon und wählte einen der hintersten Plätze. Wenn Tom, der Geist und er leise genug sprachen, würden sie nicht weiter auffallen.

Tom plumpste auf den Sitz neben ihm.

»Ihr seid ja vom Rennen völlig außer Atem. Habt ihr es eilig?«, fragte Jonathan und quetschte sich zwischen sie. »Ihr könnt es wohl kaum erwarten, die Schule hinter euch zu lassen und euch in die Herbstferien zu stürzen!«

»Ja«, antwortete Herkules. Er rückte ein wenig ab. »Ich muss noch packen. Morgen fahre ich nach Italien.«

»Italien!«, rief der Geist verzückt. »Das Land, wo die Zitronen blühen!« Er schoss aus einem Fenster hinaus und durch ein anderes wieder zurück in die Bahn.

Besorgt wies Tom nach draußen. »Jonathan, pass auf! Wenn ein Autofahrer dich sieht, baut er vor Schreck einen Unfall!«

Der Geist winkte ab. »Ach was, die meisten Leute sind blind! Die nehmen nur wahr, was sie sehen wollen.« Er tippte Herkules aufs Knie. »Wohin genau fährst du?«

»In die Nähe von Florenz. Mit Bobbie und seinem Vater.«

Als festgestanden hatte, dass Bobbies Mutter wieder in die Klinik musste, hatte Bobbies Vater Nick angekündigt, dass er sich freinehmen und mit seinem Sohn eine »Männerreise« nach Rom machen würde. Das war ein Traum der beiden, seit Bobbie sein erstes Asterix-Heft bekommen hatte. Doch leider war Nick prompt ein Geschäftstermin in Florenz dazwischengekommen. Also hatte er stattdessen eine Fahrt in die Toskana vorgeschlagen. »Ich kenne da eine ganz besondere Ferienanlage, nur eine Stunde von Florenz entfernt. Mit Pool.«

»Es ist immer dasselbe mit Papa«, hatte Bobbie Herkules anvertraut. »Er will etwas Schönes mit mir machen, und schon ruft die Arbeit. Ich hätte ja kein Problem damit, wenn er nur für einen halben Tag nach Florenz müsste. Aber bestimmt telefoniert er dann noch stundenlang und verbringt einen Großteil des Urlaubs am Laptop.«

Darum hatte Bobbie sich gewünscht, einen dritten Mann mitzunehmen: Herkules. Nick musste ein sehr schlechtes Gewissen gehabt haben, jedenfalls hatte er sofort Ja gesagt.

Herkules hatte nicht gezögert und das Angebot gleich angenommen. Mit seinen dreizehn Jahren war er zwar fünf Jahre älter als Bobbie, dennoch verbrachte er gern Zeit mit ihm. Außerdem war er noch nie in Italien gewesen. Und seine Mutter konnte

sich auch dieses Jahr keine zweite Reise leisten. Tom würde mit Freunden an die Ostsee fahren, wobei er sich das Geld dafür selbst verdient hatte. Vieles war besser, als die Herbstferien zu Hause zu verbringen, fand Herkules – doch eine Reise wie diese kam einem Hauptgewinn ziemlich nahe.

Jonathan riss ihn aus seinen Gedanken. »Vielleicht triffst du dort unseren wortkargen Freund Urano. Man weiß nie genau, wo er gerade steckt, aber die Toskana ist seine Heimat. Ich wünschte, ich könnte mitkommen. Nach Italien zieht es mich, seit ich denken kann.«

»Also noch nicht sehr lange«, brummte Tom. Im Grunde genommen mochte er den Geist, konnte aber selten verbergen, dass er ihn nicht ernst nahm.

»Das will ich nicht gehört haben, mein lieber Tomputer. Ich bin vielleicht nicht so schlau wie meine wunderbare Gattin, aber ich habe mehr erlebt als einer wie du, der Tag und Nacht an einem hässlichen Kasten hockt und sich letztlich mit nichts anderem als Einsen und *Nullen* beschäftigt. Dein Kommentar war unnötig und unhöflich.« Jonathans Tonfall klang schärfer als sonst, und die Lampe über ihnen flackerte grün.

Tom wurde rot. »Schon gut, es war ein blöder Witz. Es tut mir leid.«

Schnell wechselte Herkules das Thema. »Was hast du denn in den nächsten Tagen vor, Jonathan?«

Der Geist ließ den Kopf hängen. »Drei Tage Fegefeuer. Schnarchtante Esmeralda besucht mich.«

Herkules runzelte die Stirn. »Schnarchtante?«

»Die gute alte Esmeralda ist einfach todlangweilig. Sie brabbelt so schrecklich ödes Zeugs, dass es mir alle Kraft raubt. Schon der Gedanke an sie macht mich blasser!«

Jonathan verblasste tatsächlich, bis er mehr zu erahnen als zu sehen war. »Viele Geister der Stadt haben schon die Flucht ergriffen. Ich täte nichts lieber, als auch wegzufahren«, hörte Herkules ihn schimpfen, »aber als ortsgebundener Geist hänge ich hier fest.«

Plötzlich stieß Jonathan einen spitzen Schrei aus und wurde wieder sichtbar. Auf seinen Wangen und Händen breiteten sich dunkelgrüne Punkte aus. Entsetzt starrte er auf seine Finger. »Da haben wir es! Vor lauter Stress bekomme ich Spukpickel.«

Zu gerne hätte Herkules ihm geholfen. Doch er hatte keine Zeit. Mit dem Packen hatte er nicht einmal angefangen, und am nächsten Morgen würde er in aller Frühe aufbrechen.

Sollte er wenigstens so etwas sagen wie »Ich wünschte, wir könnten dich mitnehmen?«. Nein, das wäre zwar mitfühlend, aber nicht ehrlich. Herkules konnte sich beim besten Willen nicht vorstellen, wie Bobbie und er einen aufgeregten Geist nach Italien schmuggeln sollten, ohne dass Bobbies Vater es bemerkte. Mucksmäuschenstill im Kofferraum sitzen würde ihr Freund bestimmt nicht.

Es half nichts, Herkules konnte nichts für ihn tun. »Ach, Jonathan! Es tut mir wirklich leid.«

Die Enden von Jonathans langem Schnurrbart sanken nach unten. Er sah so verzweifelt aus, dass Tom sich erbarmte. »Ich reise erst am Sonntag mit meinen Kumpels ab. Wenn du mich morgen in den Computerraum der Schule lässt, könnte ich dir helfen.«

»Und wie?«, fragte der Geist. Seine Bartenden zuckten verhalten.

»Es gibt da so ein Ballerspiel, das ich auf dem Rechner installieren könnte, den du immer benutzt und den alle für kaputt halten. Wer einmal damit anfängt, kann schwer aufhören. Erst recht, wenn ich das Spiel so programmiere, dass es drei Tage lang automatisch in die nächste Runde geht, sobald deine Tante eine beendet hat. Die Dame wird am Bildschirm kleben. Oder besteht die Gefahr, dass sie dann gar nicht mehr abreist?«

»Überhaupt nicht, mein Freund! Nach drei Tagen läuft ihre magische Bleibeerlaubnis ab, da muss sie weg, ob sie will oder nicht. Sonst kommen die Geister vom spukbehördlichen Räumungsdienst und kassieren sie mit einem riesigen Staubsauger ein. Sehr unbequem, diese Dinger, habe ich mir sagen lassen. Aber mir soll es egal sein.« Jonathan sprang in die Luft, schlug einen dreifachen Salto, riss Tomputer aus seinem Sitz und drückte ihn an seine Brust. »Oh, ich danke dir! Welch ein Lichtblick! Ich werde nicht an Langeweile sterben!«

»Stopp!«, zischte Tom. »Mir wird schlecht!

II. Schlimme Nachrichten

»Gleich sind wir in Meran«, sagte Bobbies Vater, setzte den Blinker und nahm die Abfahrt von der Schnellstraße.

Das wurde auch Zeit! Herkules gähnte. Seit dem frühen Morgen waren sie unterwegs. Erst quer durch Deutschland, dann durch Österreich und jetzt durch die italienischen Alpen. Die Sonne stand tief und tauchte die Berggipfel in rosafarbenes Licht, während Teile des Tals, durch das sie fuhren, bereits im Schatten lagen. Wie spät war es eigentlich? Herkules blickte auf sein Handy. Kurz vor sechs. Fast hätte er ohne Telefon reisen müssen. Knapp zehn Minuten, bevor Bobbie und sein Vater ihn abholen sollten, hatte er es panisch gesucht und gerade noch rechtzeitig im Korb mit der schmutzigen Wäsche entdeckt.

Bobbie saß auf der Rückbank und war mit seiner Konsole verwachsen. Seit Stunden hatte er kein Wort von sich gegeben. Für

Herkules kamen Computerspielen und Lesen leider nicht in Frage, ihm wurde beim Autofahren ziemlich schnell schlecht. Wenigstens durfte er die ganze Zeit vorne sitzen und den Radiosender aussuchen. Bei keinem Sender hatte Bobbies Vater protestiert. Nick war echt nett. Er konnte schweigen und zuhören, stellte gute Fragen und gab Herkules das Gefühl, dass seine und Bobbies Meinung genauso wichtig waren wie die der Erwachsenen. Er war deutlich kleiner als die meisten Männer, die Herkules kannte, und strahlte eine unglaubliche Ruhe und Gelassenheit aus, sogar wenn er mit seiner tiefen Stimme leise über andere Autofahrer fluchte. Man fühlte sich einfach wohl in seiner Gegenwart. Wenn Herkules sich einen Vater hätte aussuchen dürfen, dann hätte der ziemlich viel von Nick. Mit einer Ausnahme: Er würde weniger arbeiten.

Die Straße führte in steilen Serpentinen den Berg hinauf. Mit flauem Magen blickte Herkules auf den Fluss unten im Tal. Endlich steuerte Nick den Wagen auf einen Parkplatz. »Da wären wir. ›Pension Oliver‹.«

Das Appartement, das Nick für eine Nacht gebucht hatte, lag im fünften und damit obersten Stock eines schlichten weißen Neubaus. Umso prächtiger war der Garten, der das Haus umgab. Nachdem sie ihr Gepäck in die Wohnung geschleppt hatten, trat Herkules auf den Balkon. Er sog den Duft der blühenden Sträucher unter ihm ein. Über die angrenzenden Hänge zogen sich Apfelbaumplantagen. Die Luft war feucht und warm, und es roch wie in einem tropischen Gewächshaus.

Drinnen telefonierte Nick mit seiner Frau. Bobbie war damit beschäftigt, seine Spielkonsole aufzuladen. Herkules zog sein Handy aus der Hosentasche und gab das WLAN-Passwort des Hotels ein. Eine Nachricht seiner Mutter ploppte auf: »RUF MICH AN. ES IST DRINGEND!«

Herkules seufzte. Was war jetzt wieder los? Hatte er seinen Pass vergessen? Die Wohnungstür offen gelassen? Oder war etwas Schlimmes passiert? Noch ehe er die Nummer seiner Mutter wählen konnte, klingelte sein Telefon.

»Herkules? Geht es dir gut?«

Natürlich ging es ihm gut. Seiner Mutter offensichtlich nicht, sie war ganz aus dem Häuschen.

»Ja. Was ist los? Irgendwas mit Tom?«

Nein, Tomputer war nicht das Problem. Frau Prima, Herkules' Lehrerin, hatte angerufen. Es gab Ärger in der Schule. Selbst im Urlaub.

Je länger seine Mutter berichtete, desto schwindliger wurde Herkules. Angeblich hatte er vor den Herbstferien einem Mädchen aus der Parallelklasse Nachrichten geschrieben. Er sollte sie dabei übel beleidigt haben, so richtig unter der Gürtellinie. Seine Mutter redete immer schneller: »Frau Prima wollte es nicht glauben und hat sich alle Nachrichten durchgelesen, die das Mädchen erhalten hat. Dann hat sie sich die Telefonnummer des Absenders notiert. Es ist tatsächlich deine. Kannst du mir das erklären?«

Herkules war sprachlos. Meinten seine Mutter und Frau Prima allen Ernstes, dass *er* das geschrieben hatte?

»Herkules? Bist du noch dran?«

»Ja.«

»Und?«

»Was ›und‹? Das stimmt von vorne bis hinten nicht.«

»Aber wie kommt deine Telefonnummer auf das Display dieses Mädchens?«

»Keine Ahnung.«

»Ist das alles, was dir dazu einfällt?«

In Herkules kochte die Wut hoch. »Was willst du hören? Ich habe niemanden beschimpft. Ich kenne dieses Mädchen überhaupt nicht und seine Handynummer erst recht nicht. Ich weiß nicht einmal, wann das gewesen sein soll! Und ich fasse es nicht, dass ihr mir das zutraut!« Er schlug mit der Faust gegen die Balkonbrüstung.

»Stopp, Herkules! So war das nicht gemeint.« Seine Mutter klang erleichtert. »Wenn du sagst, du warst es nicht, dann glaube ich dir. Solche Nachrichten passen gar nicht zu dir. Aber wir müssen die anderen davon überzeugen. Bei Frau Prima wird das nicht schwer sein. Doch die Schulleitung will es genauer wissen. Das sind ernste Vorwürfe, denen sie nachgehen muss. Die Eltern des Mädchens haben gedroht, sonst zur Polizei zu gehen und Strafanzeige wegen Beleidigung zu erstatten.«

Herkules trommelte mit den Fingern auf einem der Balkonkästen. »Wie soll ich beweisen, dass ich etwas nicht getan habe? Gilt nicht so was wie die Unschuldsvermutung?«

»Theoretisch ja, Herkules. Unschuldsvermutung bedeutet, dass du so lange als unschuldig giltst, wie deine Schuld nicht bewiesen ist. Das Problem ist nur, dass manche Leute den Beweis als erbracht sehen, weil deine Nummer im Display steht. Und selbst wenn die Schulleitung dir glaubt, wäre es besser, wenn wir den wahren Täter fänden, damit der Verdacht ein für alle Mal aus der Welt ist.«

Eine Zeitlang schwiegen sie beide.

Herkules überlegte fieberhaft. Schließlich fragte er: »Wann wurden die Nachrichten verschickt?«

»Am vorletzten Montag vor den Ferien.«

Herkules sah im Nachrichtenausgang seines Handys nach. Da war nichts. Natürlich nicht. »An dem Tag habe ich nur an Milan und Paula geschrieben. Aber das beweist gar nichts! Die Schulleitung wird sagen, ich hätte alles gelöscht.«

»Ach, Herkules!« Die Stimme seiner Mutter wurde weicher. »Wir finden einen Weg. Ganz bestimmt. Ich werde noch mal mit Frau Prima sprechen. Vielleicht hat ihr Freund, der Polizist, eine Idee. Jetzt genieß erst mal deinen Urlaub, ja?«

Als wenn das nach diesem Gespräch so einfach wäre!

III. Auf und ab

Nach dem Abendbrot in einer Pizzeria im Stadtzentrum saßen sie auf einem Spielplatz am Fluss und aßen Eis. Bobbie verputzte seine drei Kugeln in null Komma nichts und rannte zur Schaukel, während Herkules trübsinnig auf der Bank sitzen blieb und lustlos in seinem Becher herumstocherte.

»Was ist los mit dir? Magst du darüber reden?«, fragte Nick nach einer Weile. Er wartete und bohrte auch nicht nach, als Herkules aufstand und seinen Becher und Löffel zum Mülleimer brachte. Herkules war Nick dafür dankbar. Seine Mutter hätte längst dreimal nachgefragt. Er setzte sich wieder und begann schließlich zu erzählen. Vom Anruf seiner Mutter und den schrecklichen Nachrichten, die er geschrieben haben sollte, aber nicht geschrieben hatte. Dass er nicht verstand, wer so etwas tat und es dann auch noch ihm in die Schuhe schob. Ihm fiel einfach niemand ein, der es auf ihn abgesehen haben könnte. Ausgerechnet jetzt! Er hatte sich so auf diesen Urlaub gefreut. Und nun konnte er an nichts anderes denken als an das, was ihn zu Hause erwartete. Alle seine Gedanken kreisten um die Frage, wieso seine Telefonnummer auf dem Display erschienen war.

Herkules redete und redete und hörte auch nicht auf, als Bobbie sich wieder zu ihnen setzte. Nick unterbrach ihn kein einziges Mal. Erst als Herkules fertig war, meinte er: »Was für ein Pech! Aber«, Nick legte ihm die Hand auf die Schulter, »du musst das nicht allein durchstehen. Deine Mutter glaubt an dich, Frau Prima bestimmt auch, und wenn es dir hilft, gehe ich nach den Ferien zur Schulleiterin und verbürge mich für dich. Ich kenne dich inzwischen gut genug.«

»Ich komme mit«, versprach Bobbie. »Soll ich Frau Rummel fragen? Tomputer kommt bestimmt auch und Jonathan.« Bobbie schlug sich die Hand auf den Mund. Herkules zuckte leicht zusammen. Wie sollten sie Nick erklären, dass sie mit einem Geist befreundet waren?

Zum Glück hakte Nick nicht nach. Herkules war zwar nicht zum Lachen zumute, aber die Vorstellung, wie Bobbie die halbe Schule, etliche Geister und jeden aus seinem Bekanntenkreis um sich versammelte und mit ihnen ins Büro der Direktorin marschierte, hatte etwas Tröstliches.

»Danke, Bobbie«, sagte er. »Es tut gut, Freunde zu haben.«

Nick stand auf. »Ich schlage vor, du fragst nach der genauen Uhrzeit, zu der die Nachrichten verschickt wurden. Dann prüfen wir, wo du zu dieser Zeit warst und was du gemacht hast. Vielleicht finden wir Zeugen, die bestätigen, dass du es nicht gewesen sein kannst. Okay?«

Herkules nickte. Immerhin hatten sie jetzt einen Plan, und er war nicht allein. Er holte sein Handy aus der Hosentasche und schrieb an seine Mutter. »Gut«, meinte Nick, als Herkules fertig war. »Bis dahin sollten wir uns auf den Spaß konzentrieren. Lust auf einen Schaukelwettkampf?« Er rannte los. Bobbie und Herkules stürmten hinterher. Jeder von ihnen schnappte sich eine Schaukel und schwang sich in die Luft, höher und höher. Viel zu früh gab Nick sich geschlagen. »Alter Mann kann nicht mehr. Ihr habt gewonnen.«

IV. Weiter gen Süden

Die Fahrt am folgenden Tag war deutlich kürzer. Je weiter sie nach Süden kamen, desto wärmer wurde es. Herkules saß im T-Shirt auf dem Beifahrersitz und warf einen verstohlenen Blick auf sein Handy. Seine Mutter hatte noch nicht geantwortet.

Nick schlug vor, sich einen Podcast über Florenz anzuhören. »In einer fremden Umgebung entdeckt man mehr, wenn man schon etwas darüber weiß. Die Region ist so reich an Kultur und Geschichte. Es wäre schade, davon nur wenig mitzubekommen. Wenn wir uns den Podcast anhören, fällt uns bestimmt mehr auf, weil wir wiedererkennen, worüber wir schon etwas gehört haben.«

Herkules' Begeisterung hielt sich in Grenzen. Doch er konnte schlecht nein sagen, nachdem er über tausend Kilometer lang den Radiosender bestimmt hatte. Bobbie schien es egal zu sein. Solange man ihn nicht von seiner Konsole trennte, würde er vermutlich sogar die Bohrgeräusche einer Zahnarztpraxis hinnehmen.

Also eine Geschichtsstunde über Florenz, das auf Italienisch »Firenze« hieß. Die Stadt hatte einen Dom, die Santa Maria del Fiore. An diesem Gebäude hatte man gut hundertvierzig Jahre lang gebaut. Drinnen war jemand im fünfzehnten Jahrhundert ermordet worden, um den Einfluss der mächtigen Medici-Familie zu beschränken. Letzteres hatte aber nicht funktioniert, sodass die Medici richtig Stress gemacht hatten, sogar dem Papst. Und der Dom hatte eine riesige Kuppel. Irgendwie hatte man sich damals wieder auf antikes Wissen besonnen, damit die Kuppel trotz ihrer Größe nicht einstürzte, wobei der Architekt noch ein paar eigene Ideen beigesteuert hatte. Und wegen dieser Wiederentdeckung des antiken Wissens, also des Wissens der Römer, Griechen und noch anderen, sprach man von der »Re-naissance«, was »Wieder-Geburt« bedeutete …

»Aufwachen! Vor euch seht ihr den großartigsten Supermarkt der Region. Er hat alles, wovon ein Hobbykoch träumt. Wir gehen da jetzt rein und laden das Auto bis unter das Dach voll.«

Herkules öffnete die Augen. Er musste weggedöst sein. Jedenfalls lief der Podcast nicht mehr, und Nick parkte vor einem riesigen Flachbau.

Mit zwei Einkaufswagen betraten sie den Supermarkt. Nick hatte nicht zu viel versprochen. Schon die Käsetheke war unglaublich. Meter für Meter Hart- und Weichkäse von Ziege, Schaf, Büffel und Kuh in allen Größen und Reifestufen – Herkules lief das Wasser im Munde zusammen.

»Welche Sorte sollen wir nehmen?«, fragte Nick.

»Ich weiß nicht«, antwortete Herkules. »Das sieht alles so lecker aus. Ist das Ziegenkäse? Der daneben sieht auch gut aus.« Er konnte den Preis nicht lesen und wollte nicht unverschämt sein. »Entscheide du.«

Nick kaufte beide und noch mehr. Er nahm von allem viel, Tomaten, Zwiebeln, Oliven, Öl, Brot, Schinken, Joghurt, Nüsse, Pasta, Milch und frische Kräuter. Schließlich sagte er: »Für unseren Süßschnabel brauchen wir noch Aprikosensaft und Kekse. Wo steckt er eigentlich?«

Gute Frage: Wo war Bobbie? Sie suchten Gang für Gang ab, bis sie ihn vor dem Milchregal entdeckten, wo Bobbie einem hilflosen Verkäufer zeigte, wie er einen unsichtbaren Knopf drückte, und dabei laut »pffft! pffffffff!« machte.

»Was suchst du, Bobbie?«

»Sprühsahne.«

Sofort erklärte Nick dem Verkäufer in fließendem Italienisch, was sein Sohn wollte. Der Mann verzog keine Miene und führte sie zum richtigen Regal. Bobbie bedankte sich mit »grazie!« und packte drei Sprühdosen ein.

»Ernsthaft? Drei Stück?«, fragte sein Vater. »Deine Mutter hat mich gebeten, auf eine gesunde Ernährung zu achten.«

Bobbie stellte eine Dose zurück. »Kannst du ja. Ich dachte, für jeden von uns eine. Aber wenn du keine willst, dann reichen zwei.«

Nick sagte nichts und schob den Wagen in die Obstabteilung. Vier Melonen, acht Birnen und zwei Kilo Weintrauben später reihten sie sich in die Schlange vor der Kasse ein. Während des Wartens gelang es Bobbie, seinen Vater zum Kauf von drei Wasserpistolen zu überreden.

Mit Ach und Krach verstauten sie die Einkäufe im Auto. »Hab ich einen Hunger!«, sagte Nick. Er griff in eine der Tüten, reichte Herkules ein Stück Brot und gab ihm den Ziegenkäse. »Toskanisches Brot. Ungesalzen, dadurch kommt der Geschmack des Käses besonders zur Geltung. Du auch, Bobbie?«

»Nein, danke. Toskanisches Brot ist steinhart. Ich wette, das war eine Geheimwaffe der Medici, mit der sie ihren Feinden den Schädel eingeschlagen haben.«

Nick lachte und brach sich ein Stück ab. »Immerhin hast du beim Geschichtspodcast zugehört.« Dann startete er den Motor.

»Auf geht's! In einer Stunde sind wir in Cantolina.«

Im Stillen gab Herkules Bobbie recht. Man kaute lange an dem Brot. Doch mit dem Käse schmeckte es himmlisch, und um nichts in der Welt hätte er mit Bobbie getauscht, von dem für den Rest der Fahrt nur ein gelegentliches »Pffft-pffft« der Sprühsahne zu hören war.

V. Alte Freunde

Die Straße schlängelte sich durch Wälder, kleine Schluchten und Felder: bergauf, bergab, Kurve rechts, Kurve links. Herkules blickte starr nach vorne. Sein Magen flatterte nervös. Die hügelige Landschaft der Toskana erinnerte ihn ein wenig an Nordengland, nur dass es fünfzehn Grad wärmer war und statt Steinmauern Hecken die Fahrbahn säumten.

Nick musste seine Anspannung bemerkt haben. Er fuhr langsamer. Schließlich bogen sie auf einen unbefestigten Weg ein, der nach zwei Kilometern auf einem Parkplatz endete.

»Sind wir da?«, fragte Bobbie. Der Akku seiner Spielkonsole war leer und damit sein Interesse am Ankommen erwacht.

»Ja«, antwortete Nick. »Das ist Cantolina. Ein ganzes Dorf als Ferienanlage. Nachdem die letzten Bewohner weggezogen waren, lag es im Dornröschenschlaf, bis mein Freund Siggi es entdeckte und restaurierte. Er hat sich alle Mühe gegeben, den Charme des Ortes zu bewahren.«

»Warum sind die Leute weggezogen?«, fragte Herkules. War der Ort verhext? Bilder von heulenden Gespenstern gingen ihm durch den Kopf.

»Na ja, außer Landwirtschaft und Wildschweinjagd gab es hier nicht viel. Ich vermute, die Menschen sind in Städte oder andere Ortschaften gegangen, um dort ein besseres Auskommen zu finden.«

Herkules sah sich um. Umgeben von kleinen Eichenwäldchen saß das Dorf auf einem Hügel und bestand aus alten, grauen Feldsteinhäusern mit braunen Fensterläden. Nur ein herrschaftliches

Haus in der Mitte war verputzt und gelb gestrichen und überragte alle anderen. Außer den Schildern in mehreren Sprachen deutete wenig darauf hin, dass der Ort ein Feriendorf war.

Herkules, Nick und Bobbie ließen das Gepäck im Wagen und folgten einer von Pinien gesäumten Auffahrt, die zum großen gelben Haus führte. Kurz davor kam ihnen ein bärtiger Mann mit dunklen Locken entgegen.

»Nicola!«, rief er und begrüßte Nick mit einer Umarmung und zwei Wangenküsschen. »Schön, dass ihr da seid! Lasst uns reingehen, hier draußen ist es viel zu heiß.« Er legte Nick die Hand auf die Schulter, schob ihn in das große Gebäude, neben dessen Eingang ein Schild mit der Aufschrift »Rezeption« prangte, und winkte den Jungen zu, ihm zu folgen.

Drinnen lauschte Herkules dem italienischen Wortschwall, der mal Bobbies Vater, mal der Dame hinter dem Tresen galt, die nickend auf einen Bildschirm starrte. Dabei tätschelte der Mann Bobbie ein paar Mal den Kopf, was Bobbie aber nicht zu stören schien.

Schließlich drehte sich Nick zu Herkules um. »Darf ich vorstellen: Das ist Constantino Siegfried Forliano, mein ältester Freund. Seine Mutter nennt ihn Constantino, alle anderen Siggi. Siggi, das ist Herkules. Er war für Bobbie da, als Bobbie ihn am meisten brauchte. So wie du damals für mich.« An Herkules gewandt fügte er hinzu: »Siggi und ich kennen uns seit der Schulzeit. Wir waren die beiden einzigen Italiener in der Klasse. Das schweißt zusammen.«

Siggi lächelte breit und streckte Herkules die Hand entgegen. »Willkommen in Cantolina!«

Herkules gab ihm die Hand. »Ich wusste gar nicht, dass Siegfried ein italienischer Vorname ist.«

»Ist er auch nicht. Als meine Mutter mit mir in den Wehen lag, war mein Vater unterwegs. Der einzige, der sie ins Krankenhaus fahren konnte, war unser Nachbar Siegfried.«

Jetzt mischte sich Bobbie ins Gespräch ein. »Papa, was meinst du damit, dass Siggi für dich da war, wie Herkules für mich? Musstest du auch für eine Weile bei einer fremden Familie wohnen?«

»Nein«, erwiderte Nick und strich ihm über die Haare, »das zum Glück nicht. Aber es gab da einen Musiklehrer, der hat mir das Leben etwas schwer gemacht.«

»Etwas schwer?«, unterbrach ihn Siggi und griff in das Bonbonglas auf dem Tresen. »Waldemar Buntsche war ein humorloser

Fiesling vom Feinsten! Den Vornamen deines Vaters – Nicola – hat er besonders deutlich und gedehnt ausgesprochen, obwohl er genau wusste, dass es Nick unangenehm war, so angeredet zu werden. Ich meine, in Italien ist Nicola ein ganz normaler Männername, doch in Deutschland musste Nick sich damals ziemlich viele blöde Witze anhören.«

Siggi reichte den Jungs jeweils eine Hand voll Bonbons. »Als Buntsche einmal ein Klavierkonzert gab, zahlte Nick es ihm heim und heftete einen Zettel an den großen, alten Flügel, darauf stand ›Kotflügel‹. Buntsche war so empört, dass er versuchte, die anderen Lehrer davon zu überzeugen, dass Nick zu dumm für das Abitur war.«

»Haben denn deine Eltern nichts dagegen unternommen?«, fragte Herkules erstaunt. Er dachte an seine Mutter, die zwar streng und oft nicht zu Hause war, weil sie arbeiten musste. Aber in so einer Situation hätte sie für Herkules gekämpft wie eine Löwin – so, wie sie es jetzt tat.

Nick schüttelte den Kopf. »Meine Eltern hatten eine Eisdiele und mussten so viel arbeiten, dass ich sie nicht belasten wollte. Wenn ich zurückblicke, hätte ich es ihnen sagen sollen. Doch als Kind dachte ich, dass sie genug Sorgen hatten. Zum Glück gab es Siggi. Er war meine Rettung.«

Siggi grinste. »Jederzeit wieder.« Er steckte sich ein Bonbon in den Mund und erzählte weiter: »Eines Tages kam Buntsches Tochter in die Eisdiele von Nicks Eltern. Sie war ganz nett, doch wir wussten, dass sie ihrem Vater fast alles erzählte. Also habe ich ihr unter dem Siegel der Verschwiegenheit verraten, dass Nicks Onkel ein untergetauchter Mafiaboss sei, der einmal im

Jahr Nicks Eltern besuchte. Ich habe angedeutet, dass Nick der Lieblingsneffe des Mafiabosses sei. Dabei habe ich unauffällig auf einen Mann im dunklen Anzug mit Sonnenbrille gezeigt, der in der hinteren Ecke des Raums allein an einem Tisch saß. Von da an ließ Buntsche Nick in Ruhe.«

»Und der Mann am Tisch?«, fragte Herkules.

Nick grinste noch breiter als Siggi. »Das war unser deutscher Steuerberater, der im Sommer gerne seinen Urlaub in unserer Kleinstadt verbrachte und unser Eis sehr zu schätzen wusste.«

»Nicht nur er. Eure Eisdiele war mein zweites Zuhause.« Siggi griff zum Tresen und reichte Nick drei Magnetkarten. »Das sind eure Schlüssel. Ich helfe euch, das Gepäck vom Auto zur Wohnung zu bringen.«

Wenig später trottete Herkules vollbepackt neben Nick her.

Sie bogen um eine Ecke, und Herkules stellte fest, dass es im Dorf doch ein paar bauliche Neuerungen gab: einen großen Pool neben einem Spielplatz mit einer riesigen Holzburg. Der Urlaub war definitiv ein Hauptgewinn.

VI. Ein Hinweis

Nach dem Auspacken gingen Herkules und Bobbie schwimmen. Es war herrlich erfrischend, vor allem nach anderthalb Tagen im Auto. Jetzt, im Oktober, konnte es zwar kühl werden, wenn sich eine Wolke vor die Sonne schob und der Wind auffrischte. Doch meist war es so heiß wie zu Hause im Sommer. Herkules sog den Duft der Pinien ein. In diesem Moment war Italien genau so, wie er es sich vorgestellt hatte.

Irgendwann erschien Nick am Beckenrand. »Herkules, ich glaube, du solltest deine Mutter anrufen. Dein Telefon hat schon dreimal geklingelt, und eben hat sie sich bei mir gemeldet.«

Herkules kletterte aus dem Becken, wickelte sich ein Handtuch um und lief die Dorfstraße entlang, bis er das kleine graue Steinhaus erreichte, das sie gemietet hatten. In der Wohnküche im Erdgeschoss lag auf dem dicken Holztisch sein Handy. Tatsächlich, seine Mutter hatte in der letzten Stunde dreimal versucht, ihn zu erreichen. Mit einem mulmigen Gefühl drückte Herkules auf das Symbol mit dem grünen Hörer.

Seine Mutter nahm sofort ab. »Na endlich. Frau Prima meint, die Nachrichten wurden zwischen 8.30 Uhr und 9.00 Uhr verschickt.«

So früh? Aus irgendeinem Grund war Herkules davon ausgegangen, dass das Ganze sich am Nachmittag oder Abend zugetragen hatte. Am Vormittag hatte er Unterricht gehabt. Nur welches Fach? Er kramte in seinem Gedächtnis. Deutsch? Englisch? Kunst? Mathe? Plötzlich erinnerte er sich. Es war, als fiele ein tonnenschweres Gewicht von ihm.

»Von acht bis halb zehn habe ich die Mathearbeit nachgeschrieben. Zwei Schüler aus der Parallelklasse und ich waren allein mit einem Lehrer im Raum. Ich konnte unmöglich am Handy hängen, das wäre auf jeden Fall aufgefallen. Frag Herrn Löwe, der hatte die Aufsicht!«

Seine Mutter klang erleichtert: »Damit wäre deine Unschuld wohl bewiesen. Ich verstehe nur nicht, warum deine Telefonnummer als Absender auftaucht.«

»Nick meinte, dass man eine andere Nummer als Absender vortäuschen kann«, sagte Herkules.

»Daran hat Frau Prima auch schon gedacht, aber ihr Freund, der Polizist, sagt, dass das eher bei Anrufen als bei Textnachrichten gemacht wird. Vor allem braucht man dafür einiges an Computerkenntnissen. Vom Stil her lassen die Nachrichten auf jemanden schließen, der es eilig hatte, und nicht auf jemanden, der gut vorbereitet Texte unter falschem Namen versendet. Bist du dir sicher, dass niemand anderes dein Handy benutzt hast?«

Herkules war sich alles andere als sicher. Zu dumm, dass er den Sperrcode seines Bildschirms nicht geändert hatte! »1-2-3-4« konnte nicht nur er sich gut merken, sondern jeder, der ihm zufällig über die Schulter sah. Außerdem hatte Herkules in letzter Zeit sein Handy so oft verlegt, dass er die Momente, in denen er es verzweifelt gesucht und irgendwo gefunden hatte, gar nicht mehr auseinanderhalten konnte. »Nein«, sagte er schließlich.

Zum Glück verkniff sich seine Mutter eine Bemerkung. Nur zu gut wusste sie, wie oft er Sachen vergaß. »Die Hauptsache ist, dass du es nicht gewesen sein kannst. Ich rufe gleich Frau Prima an, die wird das an die Schulleitung weitergeben. Und jetzt erzähl mal, wie ist es in Cantolina?«

VII. Im Baptisterium

Zwei Tage lang genossen sie den Pool und den Spielplatz, erkundeten mit anderen Kindern den angrenzenden Eichenwald und fütterten mit Siggis Erlaubnis den kleinen Esel auf der Pferdekoppel. Am Abend nach ihrer Ankunft nahmen sie an einem Bogenschießwettbewerb teil, den Siggi für die Feriengäste ausgerichtet hatte und bei dem Herkules eine Pizza aus dem Steinofen gewann. Ansonsten aßen sie vor allem Pasta und Salate, die sie zusammen mit Nick zubereiteten, und holten sich an der Rezeption Eis. Manchmal tobte Nick mit ihnen im Wasser, oft saß er auf der schattigen Terrasse ihrer kleinen Wohnung am Laptop, las ein Buch oder starrte auf die Hügellandschaft. Zweimal täglich telefonierte er mit Bobbies Mutter.

Am dritten Tag fuhren sie nach Florenz. Nick würde seinen Geschäftspartner treffen, Bobbie und Herkules wollten währenddessen allein durch die Stadt streifen.

»Gut, da wären wir«, sagte Nick, als sie vor einem großen alten Haus in einer schmalen Gasse standen. »Kauft euch unterwegs ruhig etwas zu essen oder trinken. Sind eure Handys aufgeladen, falls ihr euch verlauft? Habt ihr den kleinen Stadtplan dabei, in dem ich markiert habe, wo ihr euch aufhalten dürft?«

»Ja, Papa, das hast du vorhin schon gefragt. Und das Geld für das Eis und den Notfall haben wir auch eingesteckt und werden es nicht verlieren.«

Nick drückte seinen Sohn kurz an sich. »Mein Termin sollte nur eine Stunde dauern, maximal anderthalb.«

Bobbie verdrehte die Augen. Offensichtlich waren die Zeitangaben seines Vaters eine Sache für sich. Nick musste den Blick bemerkt haben und zog gequält die Schultern hoch.

»Wir kommen zurecht«, versicherte Herkules. »Mach dir keine Sorgen, ich habe mich noch nie verirrt. Und zur Not gibt es das Internet.«

Tatsächlich hatte Herkules sich in seinem ganzen Leben noch nicht verlaufen. Er verlor Schlüssel und vergaß Hausaufgaben, doch einen Weg, den er einmal gegangen war, merkte er sich. Schon als ganz kleines Kind hatte er Tomputer und seine Mutter mit seinem Orientierungssinn verblüfft.

»Gut, dann bleibt zusammen und amüsiert euch«, sagte Nick und zeigte die Straße hinunter. »Dort ist die Santa Maria del Fiore, der Dom. Vielleicht ist die Schlange nicht so lang, und ihr könnt einen Blick hineinwerfen.« Dann schob er die große Tür auf und verschwand im Haus.

Bobbie ergriff Herkules' Hand. »Was jetzt?«

Bisher hatte Herkules sich nie sonderlich für Kirchen interessiert. Andererseits hatte er seine Mutter im Ohr: »Wenn man in ein fremdes Land reist, sollte man sich ein bisschen mit seiner Kultur und Geschichte beschäftigen. Das ist eine Frage der Weltoffenheit.« Nick hatte das nicht so deutlich gesagt, aber warum sonst hatte er auf der Hinfahrt den Podcast eingeschaltet und sie eben auf die Santa Maria del Fiore hingewiesen?

Herkules drehte sich zu Bobbie. »Wenn wir schon einmal hier sind, schauen wir uns kurz den Dom an. Danach sehen wir weiter.« Vielleicht würde die Zeit reichen, sich später das Schaufenster mit den vielen Schnitzmessern anzugucken, an dem sie auf dem Weg vom Auto zum Zentrum vorbeigegangen waren.

Nach wenigen hundert Metern standen sie auf einem Platz, über den sich große Touristenmengen schoben. Der Dom war nicht zu verfehlen. Noch nie hatte Herkules eine Kirche mit einer solchen Fassade gesehen. Sie strahlte geradezu. Weißer, grüner und roter Marmor bildete unzählige geometrische Muster. Darüber wölbte sich die laut Podcast größte Kirchenkuppel der Welt. Doch nicht nur die war gigantisch, die Warteschlange vor dem Eingang war es leider auch.

Herkules fuhr sich durch die Haare. »Ich fürchte, anstehen lohnt nicht. Ehe wir dran sind, ist die Stunde um.«

Bobbie wirkte erleichtert. »Ich hatte sowieso keine Lust darauf. Lass uns die Eisdielen testen. Da drüben sehe ich schon zwei.«

Sie liefen an einem achteckigen Bau vorbei, der dem Dom gegenüberstand. Auch dieses Gebäude war mit Marmor verkleidet, allerdings nur mit weißem und dunkelgrünem.

»Sieht aus wie ein Zebra«, murmelte Herkules.

Plötzlich ertönte ein dröhnendes Lachen direkt neben ihm. »Wie wahr, wie wahr! Das Gleiche ist mir auch schon durch den Kopf gegangen, lieber Herkules!«

Wessen Stimme war das? Sie klang so kräftig und melodisch und ein wenig, als würde sie von einem Echo begleitet. Herkules war sich sicher, sie noch nie in seinem Leben gehört zu haben. Er blickte in alle Richtungen. Etwas weiter von ihnen entfernt stand eine japanische Touristengruppe. Ganz offensichtlich waren die hallenden Worte nicht zu ihr gedrungen. Hatte er sich das nur eingebildet? Wohl kaum, auch Bobbie drehte sich nach allen Seiten um.

»Wer war das?«, flüsterte er und sah Herkules mit großen Augen an.

Gelateria

Wieder hörten sie ein kurzes Lachen. »Ich fürchte, ich habe euch erschreckt, meine Freunde. Bei diesem grellen Licht könnt ihr mich schwerlich sehen. Lasst uns in den Schatten gehen. Keine Angst!«

Die Luft flimmerte und das Flimmern bewegte sich auf die Schattenseite des Gebäudes zu. Herkules kniff die Augen zusammen. Nach und nach erkannte er eine blaue Gestalt mit tiefblauem Schnurrbart und einem mal schalkhaften, mal wehmütigen Lächeln. Kein Zweifel, vor ihnen schwebte ihr Freund Urano: der Geist, der Träume malte.

Dass Urano Deutsch konnte, wunderte Herkules weniger. Jonathan hatte Herkules nach seiner Englandreise erklärt, dass Geister sich in vielem unterschieden, dass sie aber eines gemeinsam hatten: Es fiel ihnen leicht, unzählige Sprachen zu lernen. Nein, das Besondere war, dass Urano überhaupt etwas sagte. Bei früheren Begegnungen hatte er kein Wort von sich gegeben und nur über Bilder kommuniziert, die er an jede beliebige Wand oder Decke gepinselt hatte.

»Urano!«, rief Bobbie und lief auf ihn zu. »Seit wann kannst du sprechen?«

Der Geist strahlte. »Solange ich denken kann.«

»Und warum hast du früher nie mit uns geredet?«, fragte Herkules. Urano war Jonathans bester Geisterfreund und selbst bei Jonathans Hochzeit stumm geblieben.

In diesem Moment nahm Herkules im Augenwinkel Bewegung wahr. Hastig warf er einen Blick über die Schulter. Die Gruppe von Japanern näherte sich. »Wir sind hier nicht allein«, warnte er leise.

»Dann sollten wir uns schleunigst einen Ort suchen, an dem wir uns in Ruhe unterhalten können«, sagte Urano. »Erlaubt ihr, dass ich euch mit Unsichtbarfarbe bemale und ins Baptisterium führe?« Er zückte einen Pinsel und trat näher.

»Ins Baptis-was?«, fragte Herkules.

»Ins Baptisterium, die Taufkirche, vor der ihr gerade steht und die du charmanterweise mit einem Zebra verglichen hast. Sie ist ungefähr tausend Jahre alt und damit noch älter als der Dom. Manche glauben sogar, sie sei ein alter Marstempel der Römer, aber das dürfte ein wenig übertrieben sein. Ich fürchte, diesem Gerücht haben die Medici nachgeholfen, um ihre edle Herkunft zu beweisen und sich ein paar römische Wurzeln zuzulegen. Aber genau weiß das niemand.«

Während Urano sprach, spürte Herkules ein sanftes Streichen auf seinem Gesicht, seinem Oberkörper und zuletzt auf seinen Beinen. Er blickte an sich hinunter und sah gerade noch, wie seine Schuhe verschwanden. Kurz darauf war auch Bobbie unsichtbar.

»So, und jetzt folgt mir durch die Bronzetür. Wir stellen uns in die Ecke links vom Altar.«

Im nächsten Moment öffnete sich eine der schweren Türen genau so weit, dass sie unbemerkt hindurchschlüpfen konnten. Drinnen war es angenehm kühl und roch nach Weihrauch. Herkules‘ Augen mussten sich erst an die Dunkelheit gewöhnen, ehe er seine Umgebung genauer wahrnahm. Außer ihnen waren nicht wenige Besucher da, doch aus irgendeinem Grund hielt sich niemand in der Ecke links vom Altar auf. Langsam und darauf bedacht, Bobbie, den er vor sich vermutete, nicht anzurempeln, setzte Herkules einen Fuß vor den anderen. Um die Besucher machte er sich weniger Sorgen, die meisten von ihnen starrten ohnehin nur zur Decke, wo goldene Mosaike mit Engeln und anderen biblischen Gestalten das Innere der Kuppel zierten. Kaum hatte er die Ecke erreicht, spürte er, wie Bobbie nach seiner Hand tastete.

»Hier sind wir ungestört«, hörten sie Urano laut sagen. »Dieser Winkel der Kirche gehört seit Jahrhunderten den Geistern. Was auch immer hier gesprochen wird, können nur die hören, die es angeht. Ihr braucht also nicht zu flüstern.«

In dieser Ecke war es noch kühler, geradezu eisig. Herkules merkte, wie Bobbie dichter an ihn heranrückte.

»Um auf eure Frage zurückzukommen: Ja, ich kann sprechen und das schon immer. Allerdings nur in Florenz.« Uranos Stimme hallte durch den Raum.

Staunend schaute Herkules zu den anderen Besuchern. Offenbar hörte wirklich niemand außer ihnen den Geist!

Dieser fuhr fort: »Florenz ist meine Heimatstadt. Hier sind mein Bruder Angelo Diavolo und ich aufgewachsen.«

»Angelo Diavolo?«, unterbrach Bobbie ihn. »Warum heißt jemand Engel und Teufel?«

»Weil mein Bruder ein engelsgleiches Lächeln hat, dem niemand, wirklich niemand, widerstehen kann, und er dabei mit allen Wassern gewaschen ist. Zum Beispiel bei der letzten Mondfinsternis, da haben wir im Palazzo Pitti ein großes Fest mit vielen Freunden gefeiert. Der Palazzo ist ein prächtiges Gebäude mit wunderschönen Sälen und Gemäldesammlungen. Jedenfalls wollte Angelo Diavolo, dass die Gäste noch etwas länger blieben. Also hat er die Türen so kunstvoll übermalt, dass niemand mehr den Ausgang fand und die Party nicht eine Stunde nach Mitternacht, sondern erst bei Sonnenaufgang endete. Das brachte die Routine einiger Geister mächtig durcheinander, und sie bekamen von der Spukbehörde eine Verwarnung wegen Spukverschleppung. Trotzdem konnte ihm keiner böse sein. Zum einen entschuldigte er sich bei jedem einzelnen Geist und lächelte dabei ganz zauberhaft. Zum anderen hatte er während des Treffens Schnarchtante Esmeralda, die mit ihrem Geschwafel allen auf die Nerven ging, in einen magischen Schlummer versetzt, der ihr wunderbare Träume bescherte. Letztlich hatte also jeder von Angelo Diavolos harmlosen Späßen profitiert. Wo wir gerade vom Teufel oder Engel sprechen ...«

Es polterte und schepperte, und Herkules konnte es kaum glauben, dass Urano, Bobbie und er die einzigen im Raum waren, die den Krach hörten. War das ein Bellen?

Im nächsten Augenblick brüllte jemand: »Aus! Böller, aus! Was ist denn los mit dir?«

Die Antwort war ein gewaltiges »Wuff!«.

»Bist du wohl still?«

Wer oder was auch immer Böller war, er bellte noch lauter, und Herkules meinte zu spüren, wie die Wände wackelten.

»Wenn du nicht sofort Ruhe gibst, nehme ich dich an die Leine! Wir sind schließlich in einer Kirche!«

Es folgten noch mehr Gebell, ein Blitz und schließlich ein beleidigtes Winseln.

»Tut mir leid, Böller, du lässt mir keine Wahl. Bis auf Weiteres bleibst du angeleint!«

Urano räusperte sich. »Das, meine Freunde, sind mein kleiner Bruder Angelo Diavolo und sein Hund Böller«, erklärte er. »Andi, das sind Bobbie und Herkules.«

Für einen kurzen Moment sahen sie einen Mann mit einem Hund, der kräftig an seiner Leine zerrte. Böller hatte ein dunkelblau glänzendes Pudelfell und goldene spitze Zähne, ansonsten sah er aus wie ein Dackel, der doppelt so groß geraten war. Angelo Diavolo dagegen leuchtete himmelblau, trug einen pelzbesetzten weiten Mantel und auf dem Kopf eine dunkle Kappe, unter der schulterlange Locken hervorquollen. Doch das Auffälligste an ihm war sein verschmitztes Lächeln. Herkules musste zugeben: Angelo Diavolo hatte etwas Strahlendes und Unwiderstehliches, selbst wenn er gerade vergeblich versuchte, einen außer sich geratenen Geisterhund zu bändigen.

Beide wurden wieder unsichtbar. »Es freut mich, euch endlich kennenzulernen. Urano hat mir schon viel von euch erzählt«, sagte Angelo Diavolo »Macht es euch etwas aus, wenn wir woanders hingehen? Seit heute Morgen ist Böller nicht mehr er selbst. Es ist das erste Mal seit siebzig Jahren, dass ich ihn an die Leine nehmen muss. Gehen wir zum Ponte Vecchio? Vielleicht beruhigt sich Böller dort. Er mag den Fluss.«

»Ausgezeichnete Idee«, stimmte Urano zu. »Herkules, Bobbie, mir nach!«

Die beiden folgten dem Flimmern und huschten durch die Bronzepforte, die sich blitzartig vor ihnen öffnete und sich sofort wieder hinter ihnen schloss. Dabei hörte Herkules, wie Angelo Diavolo beruhigend auf den leise jaulenden Böller einredete.

VIII. Am Ponte Vecchio

Auf den ersten Blick wirkte der Ponte Vecchio eher wie eine volle Einkaufsstraße und nicht wie eine Brücke, die über den Fluss Arno führte. Sie war von Geschäften und Buden gesäumt, die den Blick aufs Wasser weitestgehend versperrten. Noch nie hatte Herkules so viele Juweliere und vor allem goldene Uhren auf einmal gesehen. Dicht an dicht drängten sich Menschen an den Schaufenstern und Auslagen vorbei, und Herkules fragte sich, wie ein Hund hier zur Ruhe kommen sollte.

»Mist, der Geheimgang ist belegt«, zischte Urano. »Wahrscheinlich meint schon wieder jemand, dort einen Film drehen zu müssen. Es gibt nämlich einen versteckten Gang über den Geschäften. Allerdings kennt ihn inzwischen die halbe Welt, weshalb er alles andere als geheim ist.«

»Mir gefällt der Platz am Ufer unter der Brücke sowieso besser«, meinte sein Bruder. »Da sieht uns keiner, und Böller kann ein wenig baden. Das liebt er.«

Angesichts des Trubels, der auf dem Ponte Vecchio herrschte, konnte Herkules sich gut vorstellen, dass man sie unterhalb der Brücke nicht bemerken würde. Aber wie sollten sie dort hinkommen?

Urano musste dasselbe gedacht haben. »Gute Idee. Würdest du uns eine Leiter erschaffen, Bruderherz?«

»Ich wüsste da etwas Besseres.« Im nächsten Augenblick zog Angelo Diavolo eine bunte Sprühdose hervor und legte los wie ein Graffitisprayer. Direkt vor ihren Augen sprühte er Stufen und eine spiralförmige Riesenrutsche in die Luft, die genau an dem schmalen Landstreifen unter dem ersten Brückenbogen endete.

»Keine Angst, das sieht niemand außer uns. Das ist Geisterfarbe nach einem Spezialrezept von mir. Aber beeilt euch, sie hält keine fünf Minuten«, warnte er. Er kletterte die Stufen hoch, und schon sahen sie ein hellblaues Flimmern abwärtssausen. Dabei hörten sie Böller fröhlich quietschen. »Geisterhunde rutschen also auch gerne«, dachte Herkules, ehe er und Bobbie hinterherjagten.

Im Schatten wurden Urano und Angelo Diavolo sichtbar. Nur Böller zeigte sich nicht. »Er schämt sich wegen der Leine«, erklärte Angelo und kraulte die Luft. »Braves Hundchen. Ich verlängere jetzt die Schnur und du kannst baden. Aber lass die kleinen Spukkrebse in Ruhe, die hauen dir sonst eins auf die Nase!«

Sie hörten ein Platschen und sahen, wie das Wasser sich kräuselte.

»Angelo Diavolo, warum heißt dein Hund eigentlich Böller?«, fragte Herkules. »Kommt er aus Deutschland?«

Gedankenverloren malte Angelo Diavolo Seerosen auf die Wasseroberfläche. »Nenn mich Andi. Alles andere ist auf Dauer etwas lang.« Dann schüttelte er den Kopf. »Nein, Böller ist ein waschechter Florentiner. Als ich ihn fand, hielt ich ihn für eine niedliche kleine Hundedame und nannte sie ›Bella‹. Bald stellte ich fest, dass dieser Schlingel ein Rüde ist. An jenem Tag besuchte mich mein Freund Claudius Lietzenteich, der unweit eurer Heimat spukt. Claudius ist leicht schwerhörig und glaubte, mein Hund heiße ›Böller‹. Und so wurde aus ›Bella‹ ›Böller‹.«

Herkules blickte zur Flussmitte, aus der im Schatten der mächtigen Brücke hier und da kleine Fontänen schossen. Ansonsten trieb das Wasser gemächlich an ihnen vorbei. Die Rutsche in der Luft löste sich auf.

Urano zeichnete derweil eine Sonnenliege und machte es sich darauf bequem. »Also«, begann er und verschränkte die Arme hinter dem Kopf, »ihr wolltet wissen, warum ich noch nie mit euch geredet habe. Wie gesagt, Andi und ich sind in Florenz aufgewachsen.« Mit einer schnellen Handbewegung wischte er die Seerosen auf dem Wasser weg. »Ich war hier lange Zeit sehr glücklich. Doch eines Tages wollte ich mehr. Viele große Künstler sind in die weite Welt gezogen, um sich von neuen Eindrücken inspirieren zu lassen. Das wollte ich auch. Mein großes Vorbild war seinerzeit Leonardo da Vinci, einer der berühmtesten Einwohner von Florenz. Da Vinci ging im Alter von dreißig Jahren nach Mailand, kam mit Ende fünfzig zurück, um dann doch wieder aufzubrechen und in Frankreich zu sterben. Andi fürchtete, dass ich einen ähnlichen Weg einschlagen und nie mehr zurückkommen würde.«

Angelo Diavolo unterbrach ihn: »Dabei darf man nicht vergessen, dass mein Bruder auch ein Fan von Amerigo Vespucci war, dem Seefahrer, nach dem Amerika benannt wurde. Vespucci stammte ebenfalls aus Florenz und starb im Ausland.«

»Warum bist du nicht mitgegangen?«, fragte Herkules. »Bist du ortsgebunden?«

»Nein. Aber mich kriegen keine zehn Pferde aus Florenz weg. Ein einziges Mal habe ich meine Heimat verlassen, weil ich die Spukakademie besuchen musste. Ein grässlich langweiliger Ort! Zu wenig Farbe und Pinsel, viel zu viele Lehrbücher und fantasielose Schreckgespenster. Ich war krank vor Heimweh und bin ausgerissen. Das war mein erster und letzter Ausflug in die große, weite Welt.«

Urano legte ihm den Arm um die Schulter. »Deshalb bin ich allein aufgebrochen. Allerdings habe ich geschworen, dass meine Stimme die Stadt nie verlassen wird, und sie Andi als Pfand dagelassen. So wusste er, dass ich auf jeden Fall heimkehren würde. Seither spreche ich nur, wenn ich zu Hause bin.«

»An dieser Stelle möchte ich betonen, mein lieber Bruder, dass ich zu keiner Zeit ein Pfand verlangt habe. Ein bloßes Versprechen hätte mir genügt. Ich wette, du hattest selbst ein wenig Angst vor dem Unbekannten und brauchtest einen Grund, jederzeit zurückzukommen.«

Ein leises Pling! verriet Herkules, dass er eine Nachricht auf seinem Handy erhalten hatte. Ohne groß nachzudenken, griff er in seine Hosentasche und zog sein Telefon heraus. Dabei wurde es Stück für Stück sichtbar, während er selbst unsichtbar blieb. Er entsperrte den Bildschirm und warf einen Blick darauf. »Dein Vater verspätet sich um eine Stunde«, sagte er zu Bobbie.

»Wollen wir wetten, dass es anderthalb werden?«, grunzte der.

In diesem Moment klingelte Herkules' Handy.

»Tomputer?«, fragte er verwundert. »Ich dachte, du bist im Funkloch an der Ostsee.«

»Nicht mehr, unsere Unterkunft war eine zugige Bruchbude an einer Hauptverkehrsstraße. Erst fühlte es sich an wie ein Abenteuer. Dann kam ein Wasserrohrbruch. Zu unserer Überraschung hat der Vermieter sogar einen Handwerker aufgetrieben. Keine Ahnung, was der gemacht hat und ob er überhaupt ein Klempner oder sonst was war, jedenfalls brachte er zwei Gehilfen mit. Es wurde immer voller, Wasser aus der Leitung gab es trotzdem nicht. Irgendwann haben mir drei Tage Herbstregen ohne Internet gereicht. Wie sieht es bei euch aus?«

Schuldbewusst sah Herkules in den wolkenlosen Himmel. Die Sonne wärmte seine Haut. Sollte er Tom wirklich von Cantolina und dem Pool erzählen?

»Schon gut, kleiner Bruder, du darfst ruhig zugeben, dass du Spaß hast. Ich gönne es dir. Vor allem nach dem Stress in der Schule«, sagte Tom. »Das ist übrigens der Grund, warum ich anrufe. Mama hat mir davon erzählt.«

Natürlich hatte sie das. Wenn seine Mutter sich große Sorgen machte, brauchte sie immer jemanden zum Reden. Wenigstens hatte sie es Tom erzählt und nicht ihren Arbeitskollegen. Wobei das eine das andere nicht ausschloss.

»Es gibt da etwas, was du nicht weißt«, begann Tom. »Ich habe auf deinem Handy eine App installiert, mit der ich es orten kann.«

Tom hatte was? Herkules schoss das Blut in den Kopf. Hatte er richtig gehört? Sein Bruder überwachte ihn? »Wie kommst du dazu? Hat Mama dir das erlaubt? Ihr glaubt wohl, mit einem

Trottel wie mir könnt ihr alles machen!« Er war so wütend, dass er kurz davor war aufzulegen.

»Reg dich ab, ich habe die App bis gestern nie benutzt. Du hast in letzter Zeit so oft dein Handy gesucht, dass ich dachte, es ist bloß eine Frage der Zeit, bis du es nicht finden kannst. Ich habe nicht weiter nachgedacht und geglaubt, dass es praktisch wäre. Es tut mir leid. Wenn du willst, lösche ich sie.«

Herkules atmete tief durch und überlegte. Tom hätte ihn zwar fragen sollen, doch er nahm ihm ab, dass er es nur gut gemeint hatte. »Kannst du sehen, wo das Handy war, als die Nachrichten verschickt wurden?«

»Ja, deswegen rufe ich an. Um 7.55 Uhr war es in der Schule, und zwar in deinem Klassenzimmer.«

»Das passt. Die Mathearbeit habe ich in einem anderen Raum geschrieben, aber meine Jacke ist bestimmt im Klassenzimmer an meinem Platz geblieben. Und in der Innentasche muss mein Handy gewesen sein.« Während er das sagte, fiel Herkules ein, wie oft seine Mutter ihn und Tomputer ermahnt hatte, ihre Wertsachen nicht unbeaufsichtigt herumliegen zu lassen.

Wenn Tom dasselbe durch den Kopf ging, ließ er es sich nicht anmerken. »Um 7.59 Uhr wanderte dein Handy den Schulflur entlang bis zum Ende des Ganges zu den Mädchentoiletten. Um 8.05 Uhr bewegte es sich hinaus zum Spielplatz, dort blieb es eine halbe Stunde. Um 8.47 Uhr war es wieder an deinem Platz.«

Endlich! Sie hatten den ersten richtigen Hinweis auf den Täter! Mit Schwung warf Herkules einen Kieselstein in den Fluss und überlegte laut: »Es muss also jemand gewesen sein, der oder die mein Klassenzimmer und die Mädchentoiletten betreten kann, ohne dabei aufzufallen. Die Lehrer haben ihre eigenen Toiletten, damit scheidet eine Lehrerin aus. Also eher eine Schülerin. Wenn sie in meine Klasse geht, müsste sie geschwänzt haben. Das ließe sich sogar überprüfen.«

»Und sie müsste einen Hass auf dich oder das Mädchen haben, dem sie die Nachrichten geschickt hat«, ergänzte Tomputer.

»Oder sie glaubt, das wäre alles nur ein Spaß.« Herkules beobachtete, wie ein Blesshuhn ins Wasser tauchte und an einer ganz anderen Stelle des Flusses wieder an die Oberfläche kam. Plötzlich hatte er eine Idee.

»Tom, kannst du nachsehen, ob mein Handy auch an anderen Tagen auf der Mädchentoilette war? In letzter Zeit habe ich es ein paar Mal vermisst. Es ist immer wieder aufgetaucht, aber nicht dort, wo ich es vermutet habe. Zum Beispiel in der rechten statt der linken Jackentasche oder auf dem Hefter statt versteckt im Hefter. Bisher dachte ich, es liegt an meiner Schusseligkeit. Jetzt frage ich mich, ob sich jemand mein Handy öfter genommen hat.«

»Okay, das könnte eine Weile dauern. Ich rufe dich an, wenn ich etwas herausgefunden habe.«

»Danke.«

»Dafür nicht. Aber wenn du dich unbedingt revanchieren willst, dann bring mir Parmesankäse mit. Oder Pecorino. Und halte mir unseren grünen Quälgeist vom Leib, sobald du wieder zurück bist. Tante Esmeralda war so versessen auf das Spiel, dass es ihr egal war, ob sie eine Bleibeerlaubnis hatte oder nicht. Ich musste ihr versprechen, ihr das Spiel auf einem eigenen Computer zu installieren, wenn sie einen auftreibt und mir bringt. Gestern erschien sie im Badezimmer. Wahrscheinlich wäre sie zu mir unter die Dusche gekommen, wenn ich sie nicht gewarnt hätte, dass dann der Rechner kaputtgeht. Jedenfalls hat sie jetzt, was sie will, und ballert vermutlich in irgendeinem Burgverlies vor sich hin. Jonathan ist so dankbar, dass er mir jedes Mal auflauert und Lobeshymnen auf mich singt, wenn ich die Straßenbahn nehme. Inzwischen fahre ich selbst bei diesem Mistwetter lieber Fahrrad. Also dann, wir sprechen uns.«

Herkules verabschiedete sich und bemerkte, wie ihn Bobbie gespannt ansah. Sie waren wieder sichtbar! Er blickte an sich hinunter. Beine, Arme, T-Shirt, alles war zu sehen, nur die Schnürsenkel seiner Turnschuhe brauchten etwas länger.

»Hat Tom etwas herausgefunden?«, fragte Bobbie. Auch Urano und Andi blickten ihn erwartungsvoll an.

Schnell berichtete Herkules den Geistern, was in der Schule vorgefallen war, ehe er Bobbies Frage beantwortete. Gerade wollte er von Schnarchtante Esmeralda erzählen, da platschte und hechelte es laut, und Herkules spürte einen Sprühregen auf seiner Haut. Anscheinend schüttelten Geisterhunde sich genauso unbekümmert das Wasser aus dem Fell wie normale Hunde. Zum Glück war es warm.

Dann begann Böller zu bellen, und zwar lauter als zuvor. Der Staubwolke nach wälzte er sich wild auf dem trockenen Boden.

»Aus!«, brüllte Angelo Diavolo. »Aus!« Im nächsten Augenblick sauste ein himmelblaues Flimmern über den Fluss. Offensichtlich nahm Böller Reißaus und schleifte sein Herrchen an der Leine hinter sich her.

»Ich fürchte, mein Bruder braucht Hilfe.« Urano wurde unsichtbar. Jemand hob Herkules blitzschnell in die Luft und setzte ihn sanft in einer schmalen Lücke zwischen zwei Buden auf dem Ponte Vecchio ab. Herkules blinzelte kurz. Eine gefühlte Sekunde später stand Bobbie neben ihm. Es war erstaunlich, dass niemandem ihr plötzliches Erscheinen auffiel. Jonathan hatte recht, die meisten Menschen waren blind für Magie.

»Findet ihr den Weg allein zurück?«, flüsterte Urano.

Herkules nickte.

»Das dachte ich mir. Wir sehen uns.« Das Flimmern verschwand.

Bobbie ergriff Herkules' Hand und fragte: »Wohin?«

Ohne zu zögern, wies Herkules nach links: »Zum Dom. Zeit für ein Eis.«

IX. Hilfe!

Einige Tage später lief Herkules vom Pool zur Ferienwohnung. Hinter ihm trödelte ein müder Bobbie her. Die Sonne stand tief. Im abendlichen Schatten der Häuser spürte Herkules, wie frisch der Wind wehte. Auch hier hielt der Herbst Einzug. Zum Glück war er noch nicht so ungemütlich wie zu Hause, wo gerade Stürme durchs Land fegten.

»Meinst du, wir sehen Andi und Böller wieder?«, riss Bobbie ihn aus seinen Gedanken.

»Vielleicht. Das hängt davon ab, ob wir wieder nach Florenz fahren. Muss dein Vater noch mal hin?«

Nick musste. In ihrer großzügigen Wohnküche erwartete er sie mit Pasta und einer der unzähligen Soßen, die er Abend für Abend zauberte. Nie schmeckte ein Gericht gleich, doch immer köstlich. Ganz anders als das, was Herkules' Mutter in der Küche zustande brachte. Herkules liebte seine Mutter, aber was bei ihr auf den Teller kam, ließ sich irgendwo zwischen ungenießbar und gerade so essbar ansiedeln. Immerhin hatte das dazu geführt, dass Tom sich das Kochen beigebracht hatte und inzwischen ziemlich gut darin war, auch wenn er nicht mit Nick mithalten konnte. Deswegen durfte Herkules auf keinen Fall den Käse vergessen, den Tomputer sich gewünscht hatte. Am besten ein paar Gläser mit Soße dazu. Die nahm Nick oft als Grundlage und verfeinerte sie.

»Ist es wirklich in Ordnung, wenn wir morgen wieder nach Florenz fahren?«, fragte Nick. »Ich verspreche, dass es diesmal nicht so lange dauert und wir danach essen gehen. Außerdem wird es der letzte Tag in diesem Urlaub sein, an dem ich arbeite. Es reicht nämlich.«

»Kein Problem«, antwortete Herkules.

»Für mich ist es auch kein Problem, vielleicht treffen wir Andi wieder und ...«, Bobbie brach mitten im Satz ab.

»Wer ist Andi?«, fragte Nick.

»Ein Junge, den wir in Florenz kennengelernt haben«, sagte Herkules schnell. Es fiel ihm schwer, Nick anzulügen. Nur wie sollten sie ihm erklären, dass es Geister gab? »Kennengelernt ist vielleicht übertrieben«, fuhr er fort. »Er hat gehört, wie wir überlegten, welche Eisdiele wir nehmen, und uns eine empfohlen. Er kommt auch aus Deutschland und verbringt hier bei seinen italienischen Großeltern die Herbstferien.«

»Ach so«, meinte Nick. »Lasst mich raten: Andi heißt in Wirklichkeit Andrea und hat damit in Deutschland genauso viel Spaß wie ich mit Nicola. Andrea ist in Italien nämlich ebenfalls ein Männername.«

»Kann sein«, nuschelte Herkules und schob sich so viele Nudeln in den Mund, dass sie fast wieder auf den Teller fielen und er unmöglich weiterreden konnte.

Nach dem Essen setzte sich Nick an seinen Laptop, während die Jungs das Geschirr spülten. Beim Abtrocknen fragte Herkules sich, wer eigentlich Weingläser erfunden hatte. Sie waren viel mühsamer abzutrocknen als normale Gläser ohne Stiel. Auch wenn Nick fand, dass sie eine perfekte Form hatten – Herkules konnte darauf verzichten. Jetzt zum Beispiel, die Schliere auf dem Glas ließ sich einfach nicht wegreiben. Sie wurde sogar größer und erinnerte Herkules an den Buchstaben h. Moment mal, das

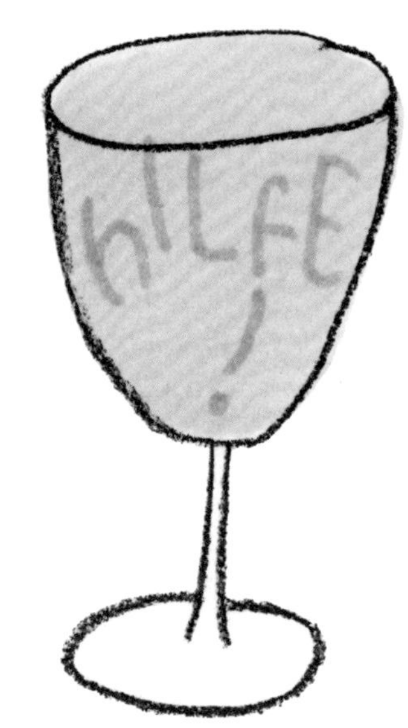

war ein h! Gefolgt von einem i. Gebannt las er die Buchstaben: h-i-l-f-e. Hilfe? Dann spiegelte sich Uranos Gesicht im Glas.

»Sollen wir uns draußen treffen?«, flüsterte Herkules.

Urano nickte.

Kaum hatten sie den Abwasch erledigt, stieß Herkules Bobbie sanft in die Rippen. »Gehen wir kurz raus und sehen uns den Himmel an? Vielleicht entdecken wir eine Sternschnuppe.«

»Dürfen wir?«, fragte Bobbie seinen Vater und ging zur Tür.

Nick blickte kurz auf. »Viel Spaß!«, rief er ihnen nach.

Draußen liefen sie zum Spielplatz mit der großen Kletterburg. Bobbie stellte keine einzige Frage. Herkules fand es erstaunlich, wie sehr der Kleine ausgerechnet ihm vertraute. Trotzdem schuldete er ihm eine Erklärung. »Urano ist hier. Er braucht unsere Hilfe. Im Burgturm sieht uns keiner, und Urano kann uns sein Problem an die Wand malen.«

Sie mussten nicht lange oben im Turm warten. Urano schwebte durch die Luke herein und leuchtete in schwachem Blau. Unschwer konnten sie erkennen, dass es ihm nicht gut ging.

»Was ist los?«, fragte Bobbie.

Der Geist zog einen Pinsel hervor und schrieb auf die Holzwand: *Jemand hat meine Stimme gestohlen.* Er musste sehr aufgewühlt sein, denn für gewöhnlich erzählte er in Bildern.

»Wie das?«, fragte Herkules.

Habe kurz die Stadt verlassen und meine Stimme in Andis Geheimschatulle gelegt. Als ich wiederkam, war die Schatulle leer. Der Dieb hatte nur wenige Minuten. Andi stellt gerade ganz Florenz auf den Kopf.

Das waren schlimme Nachrichten. Wer stahl eine Geisterstimme?

Bobbie neigte den Kopf zur Seite. »Was will der Dieb damit?«

Keine Ahnung. Geister brauchen keine fremden Stimmen. Menschen können damit nichts anfangen.

Herkules überlegte angestrengt. »Bist du sicher, dass niemand mit deiner Stimme Unsinn anstellen kann?«

Nein.

»Wer weiß davon, dass deine Stimme in Florenz bleibt?«, fragte Herkules weiter.

Meine Familie und meine engsten Freunde. Aber die würden sie nicht nehmen.

»Wer kennt das Versteck?«

Nur Andi und ich.

Herkules schaute aus dem Turmfenster in den Sternenhimmel. Die Milchstraße leuchtete hell. Aber was Uranos Problem betraf, tappten sie im Dunkeln. »Tut mir leid, Urano«, sagte er schließlich, »im Moment habe ich keine Idee. Aber morgen Mittag fahren wir wieder nach Florenz. Vielleicht fällt uns bis dahin etwas ein. Treffen wir uns am Baptisterium?«

Urano nickte. *Ich wusste, dass ich auf euch zählen kann.* Er nahm seinen Pinsel, wischte alles Geschriebene weg und malte ein weinendes Herz, getragen von zwei fliegenden Supermännern, die Herkules‘ und Bobbies Gesichter hatten. Danach verschwand er in der Dunkelheit.

X. Wieder in Florenz

Am folgenden Tag drängte Nick zum Aufbruch. »Ich möchte vorsichtshalber etwas früher losfahren. Gestern Abend sind in Florenz alle Ampeln und Straßenlaternen ausgefallen. Laut Internet herrschte ein riesiges Verkehrschaos. Ich hoffe, die Straßen sind wieder frei.«

Urano hatte also nicht übertrieben, als er schrieb, dass Angelo Diavolo die Stadt auf den Kopf stellte.

Letztlich kamen sie so gut durch, dass Nick beschloss, einen kleinen Umweg zu fahren und die Zeit zum Einkaufen in dem großen Supermarkt zu nutzen, den sie bereits kannten. »Wir nehmen nichts, was in den nächsten Stunden im Auto schlecht wird«, erklärte er, »nur Getränke, Brot und so.«

»Und so« stellte sich dank Bobbie als ziemlich zuckerhaltig heraus. Hinter der Kasse verstaute er einen Teil davon eilig in seinem Rucksack.

Nick zog die Augenbrauen hoch. »Glaub bloß nicht, dass mir entgangen ist, was du alles in den Einkaufswagen gepackt hast. Du brauchst deine Beute nicht zu verstecken.«

»Ich will nur beim Tragen helfen«, beteuerte Bobbie mit Unschuldsmiene und legte ein Stück hartes Toskanabrot zuoberst in den Rucksack, ehe er ihn zumachte und damit zum Auto marschierte.

Nachdem sie die übrigen Taschen im Kofferraum verstaut hatten, setzte sich Herkules mit gemischten Gefühlen auf den Beifahrersitz. Es schmeichelte ihm, dass Urano ihn um

Hilfe gebeten hatte. Zu gern wäre Herkules für Urano ein ebenso guter Freund wie Siggi für Nick. Das Problem war nur, dass er nach wie vor nicht wusste, wie er dem Geist helfen sollte.

Viel zu schnell erreichten sie Florenz. Nick parkte den Wagen am Ufer des Arno. »Tut mir leid, Jungs, heute müssen wir ein bisschen weiter laufen. Im Zentrum sollen einige Gassen noch von letzter Nacht gesperrt sein.«

Herkules war es recht. Vielleicht fiel ihm unterwegs doch noch etwas ein. Dummerweise lenkte ihn das Gefühl ab, verfolgt zu werden. Er wurde langsamer. Was war das? Kaum ging er schneller, meinte er wieder, eine Bewegung gehört oder gespürt zu haben. Er blieb stehen und blickte sich um. Räusperte sich da jemand? Bobbie und Nick waren schon ein gutes Stück vor ihm, und doch war er definitiv nicht allein.

»Ist alles in Ordnung?«, rief Bobbie.

»Ja«, antwortete Herkules und beeilte sich, die beiden einzuholen.

Vor dem großen alten Haus in der schmalen Gasse trennten sich er und Bobbie von Nick und rannten zum Domplatz. Im Schatten des Baptisteriums erwartete sie Urano, der sie blitzschnell mit Unsichtbarfarbe versah und in die Geisternische des Gebäudes führte.

Ein kurzes himmelblaues Aufleuchten verriet, dass Angelo Diavolo ebenfalls dort war. »Gut, dass ihr da seid«, begrüßte er sie. »Seit gestern drehen mein Bruder und ich jeden Stein in dieser Stadt um. Ohne Erfolg. Urano setzt große Hoffnung in euch. Er meint, ihr hättet schon so manchen aussichtslosen Fall gelöst.«

Herkules trat von einem Fuß auf den anderen. Was glaubten sie, wer er war? Ein Zauberer? Er spürte ein leichtes Kitzeln unterhalb seines Knies. Was war das schon wieder? Egal, er musste seinen Freunden sagen, dass er keine Ahnung hatte, was sie tun sollten.

»Wo ist Böller?«, fragte er stattdessen.

»Schön, dass das endlich jemand fragt«, hallte es von seinem Knie.

Herkules blickte nach unten. Er hatte eindeutig Uranos Stimme gehört.

Die beiden Geisterbrüder mussten ebenso überrascht sein wie er, denn sie wurden schlagartig sichtbar und starrten mit offenen Mündern zu Herkules.

»Man sieht euch«, warnte die Stimme, woraufhin die Brüder zu einem fast unmerklichen Flimmern verblassten.

Bobbie rückte dichter an Herkules heran.

»Keine Angst, ich bin es, Böller. Ich war so frei, mir Uranos Stimme zu leihen.«

»Wie konntest du!«, entfuhr es Angelo Diavolo. »Fast hättest du uns zur Verzweiflung getrieben!«

»Ihr mich auch. Ich wollte nur kurz mit euch reden. Aber in dem Moment, in dem ihr gemerkt habt, dass die Geheimschatulle leer war, seid ihr auf und davon.« Böller klang vorwurfsvoll. »Ich habe euch die ganze Nacht gesucht. Dann habe ich mich im Fluss abgekühlt und Herkules gesehen. Ich dachte mir schon, dass er mich zu euch führt.«

»Das also war der geheimnisvolle Verfolger«, dachte Herkules.

»Es tut mir leid«, sagte Andi sanft. »Wir haben dich vor lauter Aufregung völlig vergessen. Was wolltest du uns denn erzählen?«

Böller schniefte und schmiegte sich an Herkules' Beine.

»Hat es damit zu tun, dass du in letzter Zeit so außer Rand und Band warst?«, fragte Herkules.

»Ja«, antwortete Böller leise. »Ich glaube, ich weiß warum.«

»Und warum?«

»Ich fürchte, ich habe, also ich ...« Böllers Stimme brach. »Ich habe Geisterflöhe«, flüsterte er schließlich, »und ich schäme mich entsetzlich.«

Bobbie kniete sich auf den Boden und sprach in Böllers Richtung: »Das muss dir nicht peinlich sein. Ich hatte zwar noch keine Flöhe, aber Läuse, und zwar schon öfter. Das ist keine Schande. Man muss sie nur wegmachen.«

»Aber wie?«, fragte Böller und wimmerte.

Andi seufzte. »Ich muss gestehen, dass das in meiner Familie nie ein Thema war.«

Für den Bruchteil einer Sekunde wurde Urano sichtbar und fuchtelte mit den Händen.

Herkules sah sich um. Niemand hatte sie bemerkt. »Böller, wie wäre es, wenn du Urano seine Stimme zurückgibst? Ich glaube, er will uns etwas sagen.«

»Oh, natürlich.«

Ein schwacher blauer Blitz sauste von Herkules' Knie nach oben.

»Danke, lieber Böller.«

Es war immer noch die gleiche Stimme, doch dieses Mal redete Urano. Sehr verwirrend.

»Zunächst einmal vielen Dank, meine Freunde, dass ihr sofort nach Florenz gekommen seid, um uns zu helfen. Und dabei habt ihr gleich Böller hergebracht und das Rätsel gelöst. Jetzt haben wir ein neues Problem: Geisterflöhe. Ich habe keine Ahnung, wie man sie loswird. Doch zum Glück befinden wir uns unweit der Biblioteca Bellissima. Das ist eine der größten magischen Bibliotheken Europas. Wollt ihr uns dorthin begleiten?«

»Wo ist die denn?«, fragte Herkules.

»Unter dem Dom. Keiner weiß, wie alt sie ist und wer sie errichtet hat. Aber jeder weiß, wer über sie herrscht: Karin die Schreckliche.«

Bobbie klammerte sich so stark an Herkules' Hand, dass es wehtat. Der Kleine war wirklich tapfer, wenn es darum ging, seinen Freunden beizustehen. Aber das hier machte ihm offensichtlich Angst.

Urano musste Bobbies Anspannung bemerkt haben. »Keine Sorge, Karin ist ein sehr liebenswürdiger Geist. Sie heißt nur so, weil sie Menschenkinder schrecklich gern hat. Zu ihrem großen Kummer verirren sich nur alle paar Jahrzehnte welche in die Bücherei. Deswegen ist sie Geistern gegenüber oft übellaunig. Man hat ihr schon vorgeschlagen, sie zu versetzen, aber von ihren Büchern will sie sich nicht trennen.«

Andi unterbrach ihn. »Ein fantastischer Plan, lieber Bruder! Wenn Karin unsere Freunde sieht, wird sie alles, was in ihrer Macht steht, tun, um uns zu helfen.«

»Deswegen«, ergänzte Urano, »wäre es von unschätzbarer Hilfe, wenn ihr beiden mitkommt. Können wir euch zu diesem Abenteuer überreden?«

»Ja«, antworteten Herkules und Bobbie gleichzeitig.

»Dann müssen wir euch die Augen verbinden«, sagte Andi. »Der Weg dorthin ist strenggeheim.«

Im nächsten Moment war alles um Herkules herum dunkel, und er spürte einen leichten Luftzug.

XI. Quälgeister

Als Herkules wieder sehen konnte, fand er sich in einer gigantischen Säulenhalle mit dunkelgrünen gewölbten Decken wieder. Neben ihm standen Bobbie, Böller und die beiden Geisterbrüder. Entweder wirkte hier die Unsichtbarfarbe nicht oder die Wirkung hatte nachgelassen.

Es roch wie im Wald nach einem Regenguss. Bei genauerer Betrachtung waren die Säulen blütenübersäte Ranken. In den kilometerlangen Gängen mit Regalen – so hoch wie der Dom – schwebten Geister aller Couleur, lasen in Papierrollen und Büchern und redeten laut in den unterschiedlichsten Sprachen. Fackeln in Messinghaltern bewegten sich zwischen den Regalen und eilten zu jedem, der sie zu sich winkte.

Milan würde vor Neid platzen, wenn er davon erfuhr, dachte Herkules. Sein bester Freund liebte Bücher, und magische Schriften bestimmt noch mehr.

Herkules betrachtete das Regal vor ihnen. Zu gerne hätte er eine der Papierrollen in die Hand genommen, doch sie sahen so alt aus, dass er fürchtete, sie würden bei der Berührung zu Staub zerfallen.

Plötzlich schoss eine große bunte Geisterdame auf sie zu. Sie trug so viele regenbogenfarbige lange Schals, dass Herkules nicht wusste, ob sich darunter ein Kittel verbarg oder die Tücher ihre einzige Bekleidung waren.

»Menschenkinder!«, brüllte sie mit der tiefsten Stimme, die Herkules je gehört hatte. »Was für ein schrecklich schöner Tag! Mein Name ist Karin. Kann ich euch helfen?«

Sie hielt wenige Zentimeter vor ihnen und beugte sich zu ihnen hinunter. Herkules war zu überrascht, um zu antworten. Doch Bobbie zögerte nicht. »Gerne. Ich heiße Bobbie, und das sind meine Freunde Herkules, Urano, Andi und Böller. Wir brauchen ganz dringend jemanden, der uns sagt, wie man Geisterflöhe loswird.«

Ein Schatten huschte über Karins Gesicht. Dann lächelte sie breit. »Das ist eine ernste Angelegenheit. Im Gegensatz zu gewöhnlichen Hunden werden Geisterhunde ganz selten von Flöhen, also magischen Parasiten, befallen. Manchmal vergehen Jahrhunderte, ohne dass ein Geisterfloh gesichtet wird. Ich glaube, den letzten Befall in Europa gab es zu Zeiten Leonardo da Vincis. Mal sehen, vielleicht finde ich etwas.« Sie flog davon und verschwand in den endlosen Gängen.

Herkules fragte sich, wie viele Geisterhunde überhaupt spukten und ob es auch Geisterkatzen, -mäuse und -hamster gab. Die Welt erschien ihm plötzlich noch viel komplizierter, als er es für möglich gehalten hatte.

Böller wurde unruhig und begann zu bellen. Um ihn herum surrte es leise.

»Gleich, mein Lieber«, flüsterte Angelo Diavolo und kraulte ihn zwischen den Ohren. »Sobald wir hier fertig sind, gehen wir zum Fluss. Da kannst du dich abkühlen.«

Bobbie setzte sich auf den Steinboden und hielt Böllers rechte Vorderpfote. Urano malte eine Bürste in die Luft und gab sie Herkules, der damit durch Böllers Fell fuhr.

Endlich kehrte Karin zurück. »Mein armes Hundchen, warum läufst du nicht zum Fluss und kühlst dich ab? Ich glaube, das brauchst du gerade am allernötigsten. Was ich recherchiert habe, kann ich deinen Freunden erzählen.«

Böller winselte. Angelo Diavolo hob ihn hoch und drückte ihn an sich. »Geh vor, mein Lieber, und bade am Ponte Vecchio. Wir kommen gleich nach.« Er gab ihm einen Kuss und setzte ihn ab. Böller wedelte mit dem Schwanz, dann wurde er unsichtbar.

Nach einer Weile war sein Hecheln nicht mehr zu hören. Karins Ohr wurde größer und drehte sich in alle Richtungen. »Er ist jetzt draußen«, sagte sie schließlich.

»Hast du etwas herausgefunden?«, fragte Urano.

»Ja und nein. Die gute Nachricht ist, dass Geisterflöhe einen Hund nur dreizehn Tage lang befallen und es Mittel gibt, die Zeit abzukürzen. Die schlechte ist, dass nirgends steht, was das Gegenmittel ist. Anscheinend wurde dieses Thema lange totgeschwiegen. Im wahrsten Sinne des Wortes, einige Hunde sind daran zugrunde gegangen. Ich fürchte, dass Böller verrückt wird, ehe die erste Woche um ist. Denn ab einem bestimmten Tag vermehren sich die Quälgeister schlagartig, und aus wenigen werden bis zu tausend.«

Sie wandte sich Andi zu: »Tut mir leid, mehr stand nicht in den Schriften. Ihr müsst euch also etwas einfallen lassen, wenn ihr Böller nicht verlieren wollt.« Beim letzten Satz schweifte ihr Blick zu Herkules und sie sah ihm direkt in die Augen. Schon wieder, dachte Herkules. Warum erwarteten hier immer alle, dass er eine Idee hatte?

Angelo Diavolo kullerten hellblaue Tränen über die Wangen. Sein Bruder nahm ihn in den Arm und drückte ihn an sich. Kein Laut war zu hören. Kein einziges Gespräch der anderen Bibliotheksbesucher drang zu ihnen. Es war, als säßen sie unter einer Glocke voller Traurigkeit.

Die Stille war Herkules unerträglich.

»Gehen wir zum Fluss«, sagte er bedrückt. »Der Arme soll wissen, dass wir ihn nicht allein lassen.«

»Braves Menschenkind«, sagte Karin und strich ihm über den Kopf. Sie blies Bobbie einen Luftkuss zu. Dann wurde es um Herkules herum dunkel, bis er sich wieder auf dem Domplatz fand, wo Urano ihn hastig mit Unsichtbarfarbe bestrich.

Schweigend liefen sie zum Arno. Offensichtlich hatte keiner der beiden Geister Lust, eine Rutsche zu malen. Urano klemmte sich die Jungs unter die Arme, schwebte mit ihnen durch die Luft und setzte sie am Ufer unter dem Ponte Vecchio ab.

Wo war Böller? Der Fluss glitzerte in der Sonne. Die Welt wirkte friedlich. Was bedeutete es, wenn ein Geisterhund zugrunde ging? Herkules wagte nicht zu fragen.

Sie warteten. Plötzlich bildeten sich große Wellen, und ein jau-

lender Böller schoss aus den Wogen, gefolgt von einer summenden Wolke. Das Wasser schwappte über das Ufer und durchnässte Herkules und Bobbie bis auf die Haut. Schlagartig wurden sie beide sichtbar. Winselnd rannte Böller um sie herum und blieb schutzsuchend hinter ihnen stehen.

Die Wolke verharrte knapp zwei Meter vor Herkules, als sei sie von seinem und Bobbies plötzlichem Erscheinen überrascht. Dafür summte sie immer lauter.

Herkules blickte genau hin. Seit wann konnten Flöhe fliegen? »Die sehen ja aus wie Wespen«, rief er.

»Stimmt«, antwortete Angelo Diavolo. »Wahrscheinlich heißen sie nur deshalb Flöhe, weil sie so hartnäckig und schwer loszuwerden sind.«

Die Wolke kam näher. Schnell stellte Bobbie seinen Rucksack ab, öffnete ihn und griff nach einem Brot. Drohend holte er damit zum Wurf aus. »Kommt Böller nicht zu nahe, sonst lernt ihr gute toskanische Backkunst kennen. Und zwar ungesalzen!«

Bobbie war wirklich mutig, wenn es darum ging, seine Freunde zu verteidigen. Trotzdem bezweifelte Herkules, dass sich Geisterflöhe auf diese Weise vertreiben ließen.

»Nicht, Bobbie«, brüllte er, »wirf nicht!« Wie hieß es noch? Wenn man eine Wespe erschlägt, kommen sieben zur Beerdigung. Es musste etwas anderes geben als nackte Gewalt. Hastig wühlte Herkules in Bobbies Rucksack und fand eine Dose Sprühsahne. Ruckartig zog er sie hervor und sprühte direkt in die Wolke, die inzwischen eine Armlänge vor ihm surrte.

Das Summen wurde zum Kreischen. Wie wild stürzten sich die Wespen auf die süße Masse. Es war, als wäre die Schwerkraft abgeschafft worden: In der Luft hing Sahne, auf der die kleinen Quälgeister zu Hunderten saßen.

Herkules sprühte und sprühte, bis aus der Dose nichts mehr herauskam. »Wir brauchen etwas, worin wir sie einsperren können, und zwar sofort!«, rief er den Geisterbrüdern zu.

Die ließen sich das nicht zweimal sagen. Jeder von ihnen zückte einen Pinsel, und gemeinsam malten sie ein feines doppeltes Netz um die Wespen, die gierig an der Sahne klebten. Erst als es zu spät war, merkten sie, dass sie gefangen waren, und schossen vergeblich gegen die engen Maschen.

Aufgeregt hüpfte Bobbie auf der Stelle. »Wie lange hält die Geisterfarbe?«

»Ein bis zwei Stunden«, antwortete Urano. »Bis dahin haben wir neue Farbe und neue Netze gemalt. Wir dürfen die Viecher nur nicht aus den Augen lassen, solange die dreizehn Tage nicht um sind.«

Böller bellte zustimmend und ließ sich von Bobbie und Herkules kraulen.

Pling! machte Herkules' Handy. Nick. Er war tatsächlich pünktlich fertig geworden. Zu dumm, Bobbie und Herkules waren noch nass vom Flusswasser. Aber ihnen würde schon eine Erklärung einfallen.

Urano hob die beiden unauffällig auf die Brücke und begleitete sie zum Domplatz. »Bis zum Ablauf der dreizehn Tage werden wir uns nicht sehen, aber dann komme ich nach Cantolina.«

Herkules rechnete nach. »Bis dahin sind die Ferien leider schon zu Ende.«

»Dann sehen wir uns ein andermal«, versprach Urano. »Ganz bestimmt.«

XII. Männerzeit

Selbst wenn Urano und Andi nicht mit der Bewachung der Geisterflöhe zu tun gehabt hätten, wäre es schwierig geworden, sich noch einmal mit ihnen zu treffen. Denn Nick hielt sein Versprechen. Er ging mit ihnen in Florenz essen, ohne einen einzigen Blick auf sein Handy zu werfen. Danach stellten sie sich in die lange Schlange vor dem Dom und besichtigten ihn von innen. Er war wirklich beeindruckend – zumindest, wenn man ihn nicht mit der Biblioteca Bellissima verglich.

Auch in den folgenden Tagen ließ Nick Arbeit Arbeit sein. Toben im Pool, Kartenspiele, Bogenschießen, ein Ausflug ans Meer – Nick machte alles mit, was Bobbie vorschlug. In Pisa besichtigten sie den berühmten Schiefen Turm. In Siena erzählte ihnen Siggi vom Palio, dem gefährlichsten Pferderennen der Welt, das dort mindestens zweimal im Jahr stattfand, und zu viert rannten sie wiehernd über die Piazza del Campo, dem großen Platz im Zentrum. Doch der Abend, an dem Nick und Bobbie gegen Herkules und Siggi Tischfußball spielten und die beiden Männer ihnen nach Mitternacht den Sternenhimmel erklärten, war für Herkules der allerschönste. Seine Mutter hatte recht, die besten Sachen waren die, die man sich nicht kaufen konnte.

Als Herkules in der letzten Nacht in Cantolina im Bett lag, fragte er sich wehmütig, wie es sein mochte, einen Vater wie Nick zu haben. Beneidete er Bobbie? Vielleicht ein bisschen. Nick war zwar sehr viel auf Reisen, weshalb Bobbie ihn nur selten so erlebte. Aber Bobbie wurde rund um die Uhr von seinem Vater geliebt, und Nick vermisste seine Familie, wenn er unterwegs war.

Ob Herkules‘ Vater seine Söhne auch vermisste? Herkules wusste es nicht. Trotzdem, mit Bobbie tauschen wollte er nicht. Bobbies arme Mutter war oft wochen- und monatelang im Krankenhaus und verpasste viel im Leben ihres Sohnes.

Die perfekte Familie gab es nur in Büchern, dachte Herkules. Aber seine war schon ziemlich gut. Zugegeben, seine Mutter war oft gestresst von der Arbeit. Aber um nichts in der Welt würde er sie und Tomputer hergeben. Außerdem kam sie mit Geistern klar, das war schon etwas ganz Besonderes. Mit diesem Gedanken schlief er schließlich ein.

XIII. Die Falle

»Aufstehen! Es ist Montagmorgen! Die Schule wartet!« Seine Mutter zog ihm die Bettdecke weg.

Herkules knurrte. Die Schule wartete nie, das war ja das Problem. Wenn sie warten würde, könnte er noch zwei, drei Stunden länger schlafen.

Benommen richtete er sich auf und ließ seinen Blick über die halbausgepackte Reisetasche gleiten. Nach einer langen Autofahrt und vielen Staus hatte Nick ihn tief in der Nacht zu Hause abgesetzt. Seine Mutter hatte ihm geholfen, das Gepäck in die Dachgeschosswohnung zu tragen, die sie mit ihm und Tom bewohnte. Während Herkules sich die Zähne geputzt hatte, hatte sie ihm den Plan erklärt, den Frau Prima und Tom sich ausgedacht hatten, um dem Täter – oder besser gesagt: der Täterin – auf die Schliche zu kommen. Danach war er hundemüde ins Bett gefallen, doch die Frage, was ihn am ersten Schultag nach den Ferien erwartete, hatte ihn noch im Traum beschäftigt.

Gähnend fischte Herkules eine Unterhose und ein zerknittertes T-Shirt aus der Reisetasche. Badezimmer, anziehen, Frühstück, »Tschüss, Mama!« und schon rannten Tom und er zur Straßenbahn. Heute durfte er auf keinen Fall zu spät kommen, im Gegenteil, er musste etwas früher da sein. Tom hatte nämlich entdeckt, dass sein Handy mehrfach den Weg zur Mädchentoilette gefunden hatte, und zwar immer nur an einem Montag in der ersten Stunde.

Um Viertel vor acht erreichten sie das Schultor.

»Alles klar?«, fragte Tom.

Herkules nickte.

Gemeinsam überquerten sie den Schulhof und betraten das große alte Gebäude, in dem es wie immer nach Putzmitteln roch. Drinnen trennten sich ihre Wege.

Im Klassenzimmer saßen bereits einige Jungs. Hugo, der ewige Zuspätkommer, war ausnahmsweise pünktlich und erzählte, dass er in den Ferien eine Schildkröte bekommen hatte. Karl, Herkules' Sitznachbar, hörte zu und zeichnete dabei eine funkensprühende Gitarre in sein Deutschheft. Edgar kramte in seinem Rucksack. Milan war noch nicht da, Paula auch nicht.

Herkules hängte seine Jacke über die Stuhllehne und ging auf die Toilette. Zu dumm, dass er keine Zeit gehabt hatte, Milan und Paula in den Plan einzuweihen, sonst wären sie bestimmt früher gekommen, um seine Sachen unauffällig im Auge zu behalten.

Als Herkules um Punkt acht an seinen Platz zurückkehrte, tastete er seine Jacke ab. Bingo! Die linke Brusttasche war leer und sein Handy weg.

Am liebsten wäre er sofort hinausgerannt. Auch wenn er viele persönliche Nachrichten auf seinem Handy gelöscht hatte, war der Gedanke, dass jemand Fremdes es benutzte, schwer zu ertragen. Doch wenn er jetzt zur Mädchentoilette ging und nachsah, hätte er keine Zeugen. Dann könnte die Täterin behaupten, er sei mit dem Telefon aufs Klo gegangen, und es stünde Aussage gegen Aussage. Nein, er musste sich zusammenreißen und den anderen vertrauen.

Er schaute sich um. Keines der Mädchen fehlte. Auch kein Junge, soweit er das überblicken konnte. Stattdessen war die Deutschlehrerin nicht da und wurde von einem nervösen Referendar vertreten, der die Schüler der Reihe nach aus dem Arbeitsbuch vorlesen ließ. Herkules war so abgelenkt, dass er sein Buch erst aufschlug, als er dran war. »Seite vierzehn!«, zischte Karl, doch Herkules blätterte ziellos darin herum, bis Karl ihm seins zuschob und den Finger auf die Textstelle legte. Hastig und mit vielen Versprechern las Herkules vor und war dankbar, als Hugo ihn ablöste.

Die Zeit schlich. Zum gefühlt hundertsten Mal blickte Herkules auf die Uhr an der Wand. Inzwischen war sein Handy seit fünfunddreißig Minuten verschwunden. Was ging da draußen vor?

Erst als es zur Pause klingelte, öffnete sich die Tür und Frau Prima steckte den Kopf herein. »Herkules, kommst du mal bitte?«

Herkules sprang sofort auf und ging hinaus. »Es lief alles nach Plan«, sagte Frau Prima auf dem Weg zum Schulsekretariat. »Tom und ich haben in einem leeren Klassenzimmer gewartet und verfolgt, wie sich dein Handy zur Mädchentoilette bewegte. Ich bin hingegangen und habe gesehen, dass eine Kabine besetzt war. Wenn ich an der Klinke gerüttelt hätte, wäre dein Handy womöglich im Klo gelandet. Also haben Tom und ich eine gute halbe Stunde gewartet. Zehn Minuten vor der Pause kam eine Schülerin heraus. Wir haben sie abgefangen und ins Sekretariat begleitet. Dein Handy hatte sie dabei.«

»Und wer ist es?«

»Karls Zwillingsschwester. Sie ist in deiner Parallelklasse und schwört, dass ihr Bruder nichts mit der Sache zu tun hat.«

Das passte. Karl und seine Schwester hatten zwar eigene Freundeskreise und gingen in unterschiedliche Klassen, jedoch standen die Geschwister in der Schule oft zusammen. Niemand wunderte sich, wenn einer den anderen in den Pausen besuchte.

Trotzdem verstand Herkules die Welt nicht. »Ich weiß nur, dass ihr Spitzname ›Toffi‹ ist, ansonsten kenne ich sie gar nicht. Warum hat sie das getan?«

»Das soll sie dir selbst erklären. Nur so viel: Ich glaube, es ging gar nicht um dich, sondern um das Mädchen, dem sie geschrieben hat. Dein Handy war nur zufällig greifbar.«

Im Sekretariat bekam Herkules sein Telefon zurück. Neue Nachrichten waren nicht darauf, die musste Toffi gleich nach dem Absenden gelöscht haben.

XIV. Zu guter Letzt

Am folgenden Tag gab es Gespräche mit Toffi, Herkules und dem Mädchen, dem die Nachrichten galten, und mit den Eltern der drei.

»Es tut mir wirklich, wirklich leid, Herkules«, beteuerte Toffi im Beisein der Schulleiterin. »Ich weiß, es war falsch und ist nicht zu rechtfertigen. Du kannst ja am allerwenigsten dafür, dass ich wütend war.«

»Ist schon okay«, murmelte Herkules. Das war nicht nur so daher gesagt. Natürlich hatte Toffi sich auch ihm gegenüber mies verhalten, vor allem, weil sie sein Handy gleich mehrmals genommen hatte. Doch jetzt war seine Unschuld bewiesen, Toffi hatte von ihren Eltern riesigen Ärger bekommen, und Karl wirkte auch ganz hin- und hergerissen. Herkules glaubte ihr, dass sie ihre Taten zutiefst bereute und so etwas nie wieder tun würde. Damit war die Sache für ihn erledigt. Denn wenn sich jemand bei ihm aufrichtig entschuldigte, war er nicht nachtragend.

Die Schulleiterin sah das etwas anders. »Wie wäre es mit einer Wiedergutmachung?«, fragte sie. »Worte sind wichtig, aber eine Entschuldigung, der Taten folgen, ist noch besser. Toffi, was

hältst du davon, wenn du Herkules zu einem Eis oder einem kleinen Imbiss einlädst?«

Toffi war sofort einverstanden. Sie schien geradezu dankbar zu sein, dass sie beweisen konnte, wie leid es ihr tat. Und so fuhren sie und Herkules nach der Schule zum Bahnhof und teilten sich eine Pizza. Am Ende wurde es ein lustiger Nachmittag.

Zwischen den beiden Mädchen war es wohl etwas komplizierter, und es gab mehrere Gespräche, aber allmählich kehrte auch dort Ruhe ein.

»Was für eine Woche!«, dachte Herkules, als er am Freitagnachmittag nach Hause kam. Es duftete. Tom stand in der Küche und kochte. Neben ihm beugte sich Bobbie über den Herd und rührte im Topf.

»Die Sauce, die ihr aus Italien mitgebracht habt, ist echt gut«, sagte Tom anstelle einer Begrüßung. »Bobbie zeigt mir gerade, wie man sie verfeinert. Mama kommt gleich von der Arbeit.«

In diesem Moment hörte Herkules die Wohnungstür klappen. »Mhhhhm, riecht das lecker!«, rief seine Mutter und trug einen Einkaufsbeutel in die Küche. »Ich habe auch etwas Pasta mitgebracht. Die bereite ich uns zu.«

Verstohlen sahen Herkules und Tom sich an.

»Keine Angst, Jungs, das ist der Nachtisch. Wäre einer von euch so lieb, das Spaghetti-Eis ins Gefrierfach zu legen?«

Herkules und seine Mutter deckten den Tisch, Bobbie und Tomputer trugen auf. Genüsslich aßen sie, während Regen gegen die Dachfenster prasselte. Herkules war zufrieden: Die Handygeschichte lag hinter ihm, heute bestand seine Welt aus Pasta, Eis und der Aussicht, morgen auszuschlafen. Keine Schule. Perfekt.

Nick rief an. Sein Flieger hatte Verspätung. Herkules' Mutter schlug vor, dass Bobbie bei ihnen übernachtete. Bobbie versprach, am Morgen ganz leise zu sein und die Brüder nicht zu wecken. Also blies Tom eine Luftmatratze auf, Herkules ließ Bobbie eines von seinen Stofftieren aussuchen und seine Mutter bezog Decke und Kissen.

Plötzlich hörte Herkules ein Geräusch vom Balkon. Was war das? Es klang, als ob jemand gegen die Scheibe schlug und kratzte. Dann folgten ein Bellen und ein kurzes Klopfen. Schon sprang die Balkontür auf. Böller, Angelo Diavolo und Urano rauschten herein, ehe die Tür zuschlug. Böller rannte sofort zu Bobbie und sprang an ihm hoch.

»Besuch von den drei Grazien«, brummte Tom.

Herkules' Mutter blickte wie versteinert. Dass es Geister gab, störte sie nicht. Doch es war kein Geheimnis, dass sie es hasste, wenn sie unangekündigt ins Wohnzimmer schwebten.

Urano zwinkerte Herkules zu.

»Es tut mir leid, dass wir so ungebeten hereinplatzen«, erklärte Andi, »aber Böller hat sich so auf euch gefreut, dass wir ihn nicht länger bändigen konnten.« Er verneigte sich tief vor Herkules'

Mutter. »Sie müssen Eva sein, die Mutter des Helden, der meinen Hund vor einem grausamen Schicksal bewahrt hat.« Dabei strahlte er sie an, bis die Strenge aus ihrem Gesicht wich. Nun wandte er sich Tom zu: »Und hier haben wir bestimmt Tomputer, der seinem Bruder genauso beisteht wie meiner mir. Es ist mir eine Ehre!«

Tom zog die Augenbrauen hoch. Vielleicht nahm er Angelo Diavolo genauso wenig ernst wie einige der anderen Geister, aber auch er konnte sich seinem Charme nicht entziehen.

Andi setzte seine kleine Ansprache fort: »Eigentlich hatte ich nicht vorgehabt, Florenz jemals wieder zu verlassen. Doch dann habt ihr Böller gerettet, ohne dass ich mich richtig verabschieden oder bedanken konnte. Also sind wir hergekommen, um das nachzuholen. Urano, bist du bereit?«

Urano nickte und packte einen Pinsel aus.

»Herkules und Bobbie, mit diesem Pinsel könnt ihr einen Wunsch aufschreiben. Ihr wisst, dass wünschen gefährlich ist. Wir sind uns aber sicher, dass ihr eine weise Wahl treffen werdet. Allerdings habt ihr nur eine Viertelstunde Zeit, danach muss ich abreisen. Meine Spukkraft lässt umso schneller nach, je weiter ich von Florenz entfernt bin. Möchtest du anfangen, Bobbie?«

Erschrocken schüttelte Bobbie den Kopf. Herkules hatte ihm von der Lesenacht erzählt, in der er Jonathan kennengelernt hatte. Dabei hatte sich jedes Kind in Herkules‘ Klasse etwas wünschen dürfen. Am Ende waren die Wünsche allesamt schiefgegangen.

»Herkules soll sich etwas für uns beide wünschen«, murmelte Bobbie. »Der kann das bestimmt besser.«

»Ausgezeichnete Idee«, sagte Angelo Diavolo. »Wer sich etwas für zwei Personen wünscht, denkt mehr nach und verzapft weniger Unfug.« Er reichte Herkules den Pinsel.

Herkules musste nicht lange überlegen und schrieb etwas in die Luft. Uranos Augen leuchteten, Andi pfiff durch die Zähne. »Kluger Junge!« Böller wedelte mit dem Schwanz und schmiegte sich an Herkules' Beine.

»Was hast du dir gewünscht?«, fragte Bobbie. Er blickte zu Angelo. »Oder darf er das nicht verraten?«

»Normalerweise nicht. Aber bei einem Doppelwunsch darf Herkules es dir ins Ohr flüstern. Wenn dabei zufällig Eva und Tom dicht daneben stehen und mitbekommen, was er sagt, schadet es auch nicht.«

Herkules beugte sich zu Bobbie hinunter und wartete, bis seine Mutter und Tomputer sich zu ihnen gestellt hatten. Dann flüsterte er laut und deutlich: »Ich habe uns gewünscht, dass wir immer gute Freunde haben. So wie dein Vater.«

Urano malte Herzen in die Luft, die sein Bruder mit einem Schnipsen in Schokolade verwandelte. Dann verbeugte Andi sich. »Zeit, Lebewohl zu sagen.«

»Reist ihr sofort wieder zurück nach Florenz?«, fragte Herkules.

Ein Lächeln huschte über Andis Gesicht. »Nicht ganz. Auf dem Rückweg wollen wir noch einen Zwischenstopp in einem Burgverlies machen. Dort wurde gerade ein fantastisch verruchter Zockerkeller eröffnet. Der letzte Schrei, seit fünf Tagen redet die Geisterszene von nichts anderem. Ich habe Böller versprochen, ihn mitspielen zu lassen. Und nun gehabt euch wohl, meine lieben Freunde!«

Mit diesen Worten, einer Verneigung von Urano und einem lauten »Wuff!« von Böller verabschiedeten sich die drei und segelten winkend zur Balkontür hinaus.

Geisterfreunde im Lockdown

I. Didinis Fracht

Herkules stand an der offenen Balkontür und spürte die frische Märzluft auf seinem Gesicht. Es roch nach Frühling. Direkt vor ihm schwebte Didini mit ihrem Teppich. Sie saß im Schneidersitz auf einem zwei Meter hohen Berg feinsäuberlich gestapelter Rollen Toilettenpapier, das ziemlich grau aussah und sich vermutlich anfühlte wie Schleifpapier.

»Mit den besten, herzlichsten und liebsten Grüßen von meinem Gemahl!«, rief sie strahlend und warf ihm eine Rolle zu.

Herkules fing sie glücklich auf. Seit wenigen Tagen waren sie im Lockdown. Möglichst viele Menschen sollten zu Hause bleiben, damit sich das Coronavirus nicht oder nicht so schnell ausbreitete. So leid es Herkules für die Leute tat, die daran erkrankten, für ihn lief es bisher ziemlich gut. Denn seit vorgestern musste er nicht zur Schule. Endlich ausschlafen. Kein Zuspätkommen, kein Bahnverpassen, kein Hausaufgabenvergessen. Sein Klassenlehrer Herr Löwe hatte allen Schülern ein paar Arbeitsblätter gemailt, aber bis zum Abgabetermin waren es noch zwei Tage. Eine Ewigkeit. Tom hatte die halbe Nacht am Computer gezockt und Herkules mitspielen lassen. Okay, der Spielzeugladen war zu, doch das ließ sich verschmerzen. Und jetzt kam Didini und brachte das Einzige, was ihnen wirklich fehlte.

»Du kommst wie gerufen«, begrüßte er sie.

In diesem Moment tauchte Tomputer auf. Den meisten Menschen hätte der Anblick einer korallenfarbenen Geisterdame mit kupfern leuchtenden Haaren und einem drei Meter langen Löwenschwanz die Sprache verschlagen. Doch Tom betrachtete nur den Berg von Klopapierrollen auf dem fliegenden Teppich und zog eine Augenbraue hoch. »Hallo Didini, hat Jonathan wieder eine Drogerie ausgeräumt?«

Didini würdigte ihn keines Blickes. Herkules wusste, dass sie es hasste, wenn Tom sich über ihren Ehemann lustig machte.

Herkules versetzte seinem Bruder einen Stoß in die Rippen. »Er hat es nicht so gemeint, Didini. Sind das Rollen aus der Schule?«

Didini nickte. »Ja. Jonathan hat mich gebeten, sie euch vorbeizubringen. Er wäre zu gern selbst gekommen. Aber ihr wisst ja, dass sein Spukrevier auf die Schule, das Straßenbahnnetz und den Fluss begrenzt ist.«

Tom legte den Kopf zur Seite. »Das ist wirklich lieb, und wir sind euch sehr dankbar, aber das können wir nicht annehmen.«

Was redete Tom da?

Auch Didini wirkte erstaunt. »Warum denn nicht? Jonathan sagt, dass die Geschäfte leergekauft sind. Da dachte er an euch und hat alle Rollen aus den Schultoiletten eingesammelt. Im Moment geht ja sowieso keiner hin.«

Herkules konnte ihr nur zustimmen. Didinis Geschenk war genau das, was sie benötigten. Sie hatten tatsächlich nicht mehr viel Klopapier, weil er neulich den Auftrag seiner Mutter, Nachschub zu holen, vergessen hatte. Jetzt gab es kein einziges Blatt mehr zu kaufen. Aus irgendeinem Grund hatten sich unzählige Menschen in einem Anflug von Panik größere Vorräte davon angelegt.

Doch Tomputer gab nicht nach. »Ob aus der Drogerie oder der Schule, geklaut ist geklaut. Wir können nicht einfach eine halbe Tonne Klopapier einsacken. Irgendwann macht die Schule wieder auf, und dann gibt es ein Problem.«

Vor seinem geistigen Auge sah Herkules Herrn Löwe, seinen Klassenlehrer, im Männer-WC thronen und verzweifelt nach Toilettenpapier schreien, bis der Unterricht vorbei und alle Schüler nach Hause gegangen waren. Vielleicht würde Herkules ihm zuliebe ein paar Seiten seines Mathebuchs herausreißen und unter der Klotür hindurchschieben, ehe er schnell wegrannte.

»Gestohlen?«, fragte Didini verwundert. »Wir sind doch keine Diebe. Wir wollten euch helfen.« Unsicher wanderte ihr Blick zwischen den Brüdern hin und her.

»Das ändert nichts«, entgegnete Tom. »Du und Jonathan, ihr habt es bestimmt ganz lieb gemeint. Aber das ist und bleibt Diebstahl, egal, warum ihr es getan habt.«

Innerlich stöhnte Herkules auf. Sein bester Freund Milan redete genauso. Dabei würde auch Tomputer spätestens in vierundzwanzig Stunden merken, welch ein Glück Didinis Angebot bedeutete.

Es war nicht zu übersehen, wie peinlich Didini die Sache war. Mit hochrotem Kopf fuhr sie sich durch die langen Haare. Die lilafarbene Quaste ihres Schwanzes zuckte nervös.

»Bitte, Tom«, begann Herkules, »können wir nicht wenigstens sechs Rollen behalten? Wir brauchen sie. Unbedingt. Didini ist unsere Rettung.«

Tom seufzte. »Lass mich raten. Du hast wieder einmal nur die Hälfte von dem gekauft, was Mama dir aufgeschrieben hat.«

Herkules nickte. »Sobald es wieder Toilettenpapier in den Geschäften gibt, kaufe ich welches und bringe es Jonathan. Dann würden wir der Schule nicht wirklich etwas wegnehmen. Es wäre ein Tausch, kein Diebstahl.«

Tom zuckte mit den Schultern. »Okay. In diesem Fall sind unsere Geisterfreunde wohl doch die Helden der Stunde.« Er verbeugte sich tief. »Meinen erlesensten Dank, holde Dame. Ich verabschiede mich und widme mich wieder den Tiefen der organischen Chemie.«

Didinis Miene hellte sich auf. Mit der Spitze ihres Löwenschwanzes tätschelte sie kurz Tomputers Kopf. Kaum war Tom weg, warf sie Herkules Rolle für Rolle zu, bis er sechs gefangen hatte. Dann begann sie, mit den restlichen zu jonglieren. Erst zählte Herkules drei, dann fünf, dann neun, schließlich schwebte auch die letzte Rolle in der Luft.

»Vermisst du die Schule?«, fragte Didini, während Herkules fasziniert die Wolke von fliegenden Rollen beobachtete.

»Nicht wirklich. Nur die Pausen.«

Mit einer Wischbewegung ließ Didini alle Rollen auf ihren Teppich fallen und brachte sie mit einem Fingerschnipsen dazu, sich neben ihr zu einer Pyramide zu stapeln. »Jonathan vermisst euch sehr. Er langweilt sich und ihm graut vor den nächsten Wochen. Die Klassenzimmer sind leer. Keine Kinder in den Straßenbahnen. Er sagt, dass er schon viele Seuchen erlebt hat und dass sie nie so schnell vorbei sind, wie alle am Anfang hoffen. Dauernd redet er von der Pest und anderen Epidemien. Er hat furchtbare Angst um euch. Als er hörte, dass Klopapierknappheit herrscht, war er richtig froh, etwas für euch tun zu können. Bestimmt ist er traurig, wenn ich das alles wieder zurückbringe.«

Herkules überlegte. Wenn doch nur Paula hier wäre! Der fiel immer die passende Antwort ein, wenn jemand traurig oder verzweifelt war. Was würde sie sagen? Irgendetwas Tröstliches.

»Richte ihm aus, dass er mir aus der Patsche geholfen hat. Diese sechs Rollen sind genau das, was uns gefehlt hat. Außerdem bin ich bald wieder mit dem Einkaufen dran und komme an der Straßenbahnhaltestelle vorbei. Dann können wir ein bisschen quatschen.« Paula wäre stolz auf ihn.

»Wunderbar.« Didini fädelte ein paar Rollen mit ihrem Schwanz auf. »Ich fliege gleich zu ihm und sage es ihm.« Ohne weitere Verabschiedung sauste sie davon.

Herkules sah ihr nach und gähnte. Sollte er die Arbeitsblätter von Herrn Löwe schon einmal ausdrucken? Unsinn, er hatte noch viel Zeit.

11. Alles zu viel

»Herkules, das ist jetzt die vierte Englischaufgabe, die du viel zu spät abgibst. Noch dazu ist die Qualität unterirdisch.«

Am liebsten hätte Herkules aufgelegt. Es war die letzte Aprilwoche. Die Schulen hatten auch nach den Osterferien nicht wieder geöffnet. Ein Ende des Fernunterrichts war nicht in Sicht. Keine Treffen mit Freunden, kein Sport, nichts, worauf er sich freuen konnte. Und das war nicht einmal das Schlimmste. Lustlos lag er auf seinem Bett und hörte mit halbem Ohr Frau Primas Telefonpredigt.

»Ich habe mit Herrn Löwe gesprochen«, fuhr sie fort. »Er sagt, dass du diese Woche überhaupt keine Matheaufgaben gelöst hast und nicht auf seine E-Mails reagierst. Deine Mutter hat er auch nicht erreicht, weder telefonisch noch per Mail. Was ist los?«

Herkules schwieg. Seit Wochen versuchte er, sich zu den Hausaufgaben durchzuringen. Doch es fiel ihm immer schwerer. Er hatte so viel Zeit, dass er sie vergaß. Und wenn er sich zwang,

auf den letzten Drücker etwas zusammenzukleistern, wusste er, dass er miserable Arbeit abliefern würde, was dazu führte, dass er noch weniger Lust hatte. Außerdem hatte er keinen eigenen Rechner und konnte die Blätter erst ausdrucken, wenn Tom ihm seinen überließ. Zugegeben, Tom war ziemlich fair, trotzdem war es ätzend. Genau in den Momenten, in denen Herkules sich motivieren konnte, musste er jedes Mal auf Tom warten. Seine Mutter hatte ihm einen eigenen Computer versprochen. Aber in der Klinik war die Hölle los und dauernd gab es Extraschichten, sodass sie immer noch nicht dazu gekommen war, ihm einen zu kaufen. Jetzt durfte sie überhaupt nicht mehr nach Hause.

»Herkules? Hörst du mich?«

»Ja.«

»Wo ist deine Mutter?«

»In Quarantäne. Sie hat Corona. Solange sie ansteckend ist, wohnt sie in der Ferienwohnung einer Freundin. Tomputer und ich dürfen auch nicht raus. Seit gestern.« Er schluckte seine Tränen hinunter.

Frau Primas Stimme wurde weich. »Das ist ja furchtbar. Wer kümmert sich um euch? Weiß dein Vater Bescheid?«

Sein Vater? Der hatte nicht einmal Herkules‘ Telefonnummer. »Mein Vater lebt in Trier. Jedenfalls tat er das noch im letzten Sommer.«

»Verstehe. Wie geht es dir?«

Wie es ihm ging? Gesundheitlich gut, natürlich. Herkules war nie krank. Aber ansonsten?

Plötzlich kam er nicht mehr gegen die Tränen an. Es war alles zu viel.

Zwischen vielen Schluchzern erzählte er Frau Prima von den Schulaufgaben, auf die er sich nicht konzentrieren konnte, von dem trostlosen Ostersonntag allein mit Tom. Von seiner Mutter, die seit Wochen nur noch gearbeitet hatte und immer müder geworden war, bis auch sie das Virus erwischt hatte. Davon, dass sie sagte, sie sollten sich keine Sorgen um sie machen. Es würde ihr bald besser gehen und sie müsse nur mehr schlafen. Von der Kollegin, die sich zweimal am Tag davon überzeugte, dass ihre Mutter versorgt war, und die gesagt hatte, dass Herkules und Tom auf gar keinen Fall die Wohnung verlassen dürften. Von dem Rechner und dem kaputten Drucker, den nur Tom überlisten konnte. Von der Milch, die nur noch bis morgen reichte. Von dem Pizzaservice, mit dem sie sich getröstet hatten. Von den Nächten, in denen er vor lauter Angst um seine Mutter schlaflos durch die Wohnung tigerte, und der Müdigkeit am Morgen. Von Tomputer, der nicht darüber reden wollte, was wohl passierte, wenn ihre Mutter richtig krank würde. Von den Nachrichten aus Italien, wo gerade so viele Menschen starben.

Irgendwann war Herkules' Handy nass. Tomputer kam ins Zimmer, setzte sich aufs Bett und legte ihm den Arm um die Schultern.

»Herkules, ich wäre so gerne bei euch«, sagte Frau Prima. »Nur darf ich das nicht. Aber ich verspreche dir, ich kümmere mich um euch. Ich habe ein paar Ideen. Spätestens morgen melde ich mich. Ihr seid nicht allein. Versprochen.«

»Danke«, schniefte Herkules und verabschiedete sich.

»Lust auf ein Toast Hawaii?«, fragte Tom und stand auf.

Herkules schüttelte den Kopf.

Für eine Weile schwieg Tom. Dann sagte er: »Lass uns heute im Wohnzimmer schlafen. Wir tragen die Matratzen rüber und bauen uns eine Bettenburg. Schließlich ist heute Freitag. Wir läuten jetzt das Wochenende ein.«

Wenigstens habe ich einen großen Bruder wie Tom, dachte Herkules. Milan hatte nur ein dickes, neurotisches Meerschweinchen.

Zusammen schoben sie das Sofa beiseite und machten es sich mit Matratzen, Decken, Kissen und Stofftieren gemütlich. Der Fernseher lief so laut, dass sie fast das Klingeln des Handys überhörten.

Tomputer stellte den Ton aus, und Herkules ging ans Telefon. »Hallo, Frau Rummel!«

»Herkules, warum habt ihr mir nicht gesagt, dass ihr in Quarantäne seid? Ihr hättet mich doch um Hilfe bitten können!«

Herkules wusste nicht, was er antworten sollte. In ihrem Alter sollte Frau Rummel sich von anderen Menschen fernhalten. Aber wenn man ihr das sagte, erzählte sie einem gleich wieder, dass sie den Krieg und den Hunger überlebt hatte und sich von einem dahergelaufenen Virus keine Vorschriften machen lasse. Zwar war sie weniger störrisch als anfangs und ließ es zu, dass Bobbies Eltern gelegentlich für sie einkaufen gingen, seit Mama ihr beschrieben hatte, wie krank einige ihrer Patienten durch Covid 19 geworden waren. Trotzdem reagierte sie sehr empfindlich, wenn sie das Gefühl hatte, dass man ihr etwas verbieten wollte.

Frau Rummel fuhr fort: »Ist ja egal, Herkules, wahrscheinlich war das Ganze etwas viel für euch. Jetzt wissen alle Bescheid. Deine Lehrerin hat Milans Eltern angerufen und die Bobbies Eltern und die wiederum haben mich angerufen. Wenn ihr noch nichts gegessen habt, mache ich euch zum Abendessen Bratkartoffeln und stelle sie euch vor die Tür. Was haltet ihr davon? Hört Tom mit?«

Tom hob den Daumen.

»Ja, er hört mit, und ja, sehr gerne«, antwortete Herkules. Ihm lief das Wasser im Munde zusammen. Bratkartoffeln waren doch um einiges besser als Toast Hawaii oder Cornflakes mit Kakao.

Zwei Stunden später leckte Herkules seinen Teller ab und trug ihn in die Küche. Sein Handy piepte unentwegt: Nachrichten von Milan, Paula und Bobbie. Tom stand am Wohnzimmerfenster und blickte auf den Fluss. »Ach, du grüne Neune! Frau Prima hat sogar den freundlichen Irren auf den Plan gerufen.« Herkules stellte sich neben Tom und sah hinaus. Auf dem Fluss blinkten unzählige grüne Lichter, die sich plötzlich zu immer neuen Buchstaben formten:

B-L-E-I-B-T T-A-P-F-E-R M-E-I-N-E F-R-E-U-N-D-E.
E-U-E-R J-O-N-A-T-H-A-N.

»Die Welt ist schön, wenn man Freunde hat«, dachte Herkules.

III. Nikolaus und der Weihnachtsmann

Am nächsten Morgen um acht klingelte jemand Sturm. Herkules schlurfte zur Wohnungstür, drückte auf den Summer und sah durch den Spion. Sekunden später tauchte Milan auf. Er kam zur Tür, bückte sich, legte etwas ab und richtete sich auf. Dann winkte er, wandte sich um und rannte wieder nach unten.

Neugierig öffnete Herkules die Tür. Auf der Fußmatte standen drei Kartons Milch, ein Päckchen Butter, ein Glas Erdbeermarmelade und eine Tüte Brötchen. Frühstück! Die Brötchentüte fühlte sich ungewöhnlich schwer an. Herkules warf einen Blick hinein und grinste. Natürlich, Milan wäre nicht Milan gewesen, hätte er nicht sämtliche Arbeitsblätter für die kommende Woche dazugelegt.

Herkules tippte eine Nachricht an Milan in sein Handy. »Danke. Superlecker. Vor allem das Papier.«

Die Antwort kam prompt: »Ruf mich nach dem Frühstück an, dann machen wir Mathe.«

Herkules hatte keine Lust. Aber wenn sich alle so für ihn ins Zeug legten, konnte er schlecht faulenzen. Also krümelte er mit Tom das Matratzenlager voll und telefonierte danach mit Milan.

Neunzig Minuten später waren sie mit Mathe durch. Zum ersten Mal seit Tagen hatte Herkules kein ganz so schlechtes Gewissen. Zeit für eine Pause.

Milan musste seine Gedanken erraten haben. »Paula meldet sich heute Nachmittag. Bis dahin solltest du Seite achtunddreißig

bis vierzig im Physikbuch gelesen haben, damit ihr die Aufgaben zusammen lösen könnt.«

»Sklaventreiber!«

Kaum hatte Herkules aufgelegt und sich aufs Sofa geworfen, klingelte das Handy erneut. Seine Mutter.

»Wie geht es euch?« Sie klang müde.

»Alles in Ordnung«, antwortete er. Heute war das sogar fast die Wahrheit.

»Herkules, du musst mich nicht schonen. Frau Prima hat mich erreicht. Ich weiß, dass ihr gerade viel durchmacht. Gestern habe ich meinen Chef angerufen, damit ihr einen Coronatest machen könnt und nicht tagelang in der Wohnung hocken müsst. Leider kann er mir nicht helfen. Die Tests sind so knapp, dass nur Menschen mit Krankheitssymptomen welche bekommen.«

»Wie lange müssen wir denn zu Hause bleiben, wenn wir nicht getestet werden?«

»Das konnte mir keiner sagen. Frau Prima meinte, dass sie meinen Chef und das Gesundheitsamt anrufen wird und zur Not das Jugendamt. Ich habe den Eindruck, dass diese Frau viel durchsetzungsstärker ist, als man ihr auf den ersten Blick zutraut.«

Das stimmte. Frau Prima wurde selten laut und drängte sich nie in den Vordergrund. Aber irgendwie schaffte sie es regelmäßig, dass ihre Schüler das taten, was sie von ihnen verlangte. Selbst Jonathan verrenkte sich, um sie nicht zu enttäuschen. Das Einzige, was sie dem Geist nicht hatte abgewöhnen können, war, den Schulcomputer für seine Ausflüge ins Geisternet zu nutzen. Doch selbst da beschränkte er sich auf einen Rechner, den sowieso alle für kaputt hielten.

»Herkules, denkst du bitte daran, dich bei Frau Prima und den anderen zu bedanken?«

»Natürlich, Mama.« Er sah Tom ungeduldig winken. »Ich gebe dir jetzt Tom, der will auch mit dir reden. Ich hab dich lieb!«

Tomputer fragte ihre Mutter, wie hoch ihr Fieber sei, ob ihre Lunge wehtäte und ob sie noch starke Kopfschmerzen habe.

Herkules ärgerte sich über sich selbst. Er hatte sich solche Sorgen um seine Mutter gemacht, doch als sie anrief, war ihm so viel durch den Kopf gegangen, dass er nicht weiter nachgehakt hatte. Dabei war es bestimmt schrecklich, krank und allein in einer fremden Wohnung zu liegen.

Tom beendete das Gespräch und legte das Handy auf den Tisch. Gerade wollte Herkules den Fernseher anschalten, da hämmerte es gegen die Scheibe. Didini stand auf dem Balkon. Sie rollte ihren Teppich zusammen, ließ ihn schrumpfen und in einer der unzähligen Taschen ihres Kleides verschwinden. Dann winkte sie mit beiden Händen, während die Quaste ihres Schwanzes gegen die Balkontür trommelte. Herkules stieg über die Matratzen und ließ sie herein.

»Gütiger Himmel, wie sieht es denn hier aus?«, entfuhr es Didini. Sie starrte auf das zerwühlte Bettenlager. »Ist das ein Lazarett? Seid ihr krank?«

Ihr Blick schweifte über das Geschirr auf dem Couchtisch, die schmutzige Wäsche unter dem Sofa, die verstreuten Bücher und Schulsachen auf dem Boden und die leere Keksschachtel zwischen den Kopfkissen.

Herkules musste ihr recht geben: Es sah wirklich aus, als wäre eine Bombe eingeschlagen. Zu dritt schüttelten sie die Decken und Kissen aus und trugen Matratzen samt Bettzeug in ihre Schlafzimmer zurück. Während die Brüder ihre Sachen vom Boden auflasen und den Tisch freiräumten, machte Didini es sich in einem der Sessel bequem.

»Tut mir leid, dass ich nicht früher gekommen bin. Ich war sehr beschäftigt und habe erst vorhin erfahren, dass ihr ein bisschen in der Klemme steckt. Soll ich mit euch eine Runde auf meinem Teppich drehen? Ein kleiner Tapetenwechsel wäre vielleicht nicht verkehrt.«

»Das ist lieb, Didini«, antwortete Herkules. »Aber wir haben unserer Mutter hoch und heilig versprochen, die Wohnung nicht zu verlassen, bis die Quarantäne offiziell aufgehoben ist. Womit warst du denn beschäftigt?«

»Versprecht ihr mir, es niemandem zu verraten?«

»Ehrenwort.«

»Jonathan langweilt sich so sehr, dass er schwermütig wird. Er

steigert sich geradezu in die Sorge hinein, dass ihr die Pandemie nicht überlebt. Da habe ich mir gedacht, dass er etwas Ablenkung braucht. Seit Tagen bin ich im Geisternet unterwegs und suche nach einer Überraschung für ihn.«

»Und? Hattest du Erfolg?«, fragte Herkules.

Didinis Lächeln wurde immer breiter. »Jawohl! Heute Abend kommt sie an! Oh, ich liebe Überraschungen! Jonathan hat nichts davon mitbekommen. Ich kann es kaum erwarten. Vielleicht sollte ich noch das Lehrerzimmer schmücken. Da verbringen wir seit unserer Hochzeit unsere Abende am liebsten. Habt ihr zufällig ein paar Kerzen?«

In der Hoffnung, dass die Geister die Schule nicht abfackeln würden, holte Herkules eine Packung Teelichter aus der Kommode und reichte sie Didini. Bevor er fragen konnte, was genau sie denn gefunden hatte, sprang Didini auf den Teppich. »Dankeschööön«, flötete sie und segelte in Slalomlinien davon.

Herkules sah auf die Uhr. Bald würde Paula sich melden. Am besten rief er Frau Prima sofort an, sonst würde er es noch vergessen.

»Hallo, Herkules«, hörte er eine tiefe Männerstimme am anderen Ende. »Geht es dir gut? Larissa ist unterwegs und hat ihr Handy zu Hause gelassen. Soll ich ihr etwas ausrichten?«

Verwirrt hielt Herkules inne. Wer war der Typ, der an Frau Primas Telefon ging?

»Herkules? Ich bin es, Peter Studemann, der Polizist.«

Natürlich, Frau Prima und Herr Studemann hatten sich kennengelernt, als Herkules und Paula einen Internetbetrüger jagten. Die beiden waren ein Paar geworden und vor Kurzem zusammengezogen. Das wusste er von Paula und die wusste es von ihrer Putzfrau, die auch für den Ex-Mann von Frau Prima arbeitete und ein lebendes Klatschblatt war.

»Hallo, Herr Studemann, ich wollte mich nur bei Frau Prima bedanken. Für alles, was sie für uns getan hat.«

»Glaub mir, Herkules, Larissa ist noch lange nicht fertig. Sie hat heute Vormittag den Kindernotdienst tyrannisiert und damit gedroht, zwei potenziell coronakranke Minderjährige vor dem nächstbesten Kinderheim abzuladen, wenn das Jugendamt nicht den Druck erhöht, damit ihr getestet werdet. Außerdem hat sie dem Gesundheitsamt, der Klinik und dem Ordnungsamt gemailt. Wenn die nicht bald in die Gänge kommen, möchte ich nicht in der Haut des Bürgermeisters stecken. Wie ich mitbekommen habe, ist Frau Rummel ganz auf ihrer Linie und wartet nur darauf, sich mit einem Schild vor das Rathaus zu stellen.«

Herkules war gerührt. Milans Eltern hatten eine Chatgruppe gegründet, um die Hilfe für ihn und Tom zu koordinieren. Höflich erkundigte er sich, wie es Herrn Studemann ging.

»Hier ist alles im Fluss. Weil die Leute jetzt viel zu Hause sind, gibt es weniger Wohnungseinbrüche und weniger Schlüsseldienstabzocke. Dafür mehr Internetbetrügereien und häusliche Gewalt.«

»Was ist denn Schlüsseldienstabzocke, Herr Studemann?«

»Wenn jemand seinen Schlüssel verloren hat und ganz dringend in seine Wohnung oder sein Haus muss, ruft er oder sie einen Schlüsselnotdienst an. Die Telefonnummer findet man im Internet. Allerdings inserieren dort auch Betrüger. Oder Betrüger hacken die Seite eines seriösen Dienstes und setzen ihre eigene Handynummer ein. Meistens sind es Telefonnummern von Prepaid-Handys, die unter falschem Namen angemeldet sind. Wenn also jemand diese Nummer anruft, wird ihm ein fairer oder leicht überhöhter Preis genannt. Dann stimmt der Anrufer zu und nennt seine Adresse. Wenig später erscheint jemand von dem Betrüger-Schlüsseldienst, öffnet die Tür und stellt hinterher eine Rechnung, die sofort in bar oder per Bankkarte bezahlt werden muss. Die Rechnung enthält den ursprünglich genannten Preis sowie astronomische Anfahrts-, Feiertags- und Nachtzuschläge oder sonstige Fantasieposten, sodass am Ende mindestens das Dreifache verlangt wird. Die meisten Kunden sind völlig überrumpelt, weil sie schon vorher gestresst waren und froh sind, endlich in ihre Wohnung zu kommen. Außerdem haben viele von ihnen noch nie einen Schlüsseldienst gerufen und kennen sich mit den Tarifen nicht aus. Erst später fällt ihnen auf, dass sie Wucherpreise bezahlt haben. Aber da sind die Typen längst über alle Berge und die Polizei kann nicht viel machen.«

Herkules überlegte. »Wenn die Täter sich per Bankkarte bezahlen lassen, kann man sie dann nicht über das Konto ermitteln, auf das das Geld geht?«

»Gute Idee. Vielleicht solltest du dich nach der Schule bei der Polizei bewerben. Leider sind die Konten fast immer online eingerichtet worden. Bei der Anmeldung verwenden die Täter gefälschte oder gestohlene Ausweise. Es ist sehr schwer, ihnen auf die Schliche zu kommen.« Herkules hörte ein Scheppern. »Ich muss Schluss machen, Herkules, sonst brennt mir das Essen an. Schön, dass du dich gemeldet hast. Ich richte Larissa deinen Dank aus.«

Kaum hatte Herkules aufgelegt, kam eine Nachricht von Paula: »Physikbuch Seite achtunddreißig bis vierzig lesen! In zwanzig Minuten telefonieren wir.«

Der Tag artete in Stress aus. Herkules holte sich etwas zu trinken und überflog die Seiten, bis Paula anrief. Sie klang gestresst. »Herkules?« Im Hintergrund waren laute Stimmen zu hören. »Könnt ihr nicht ein einziges Mal leise sein? Ich muss arbeiten!«, brüllte Paula. Eine Tür knallte, dann war es ruhig. »Tut mir leid«, sagte Paula. »Seit meine Eltern Tag für Tag zu Hause arbeiten, gehen sie sich auf die Nerven und streiten sich immer öfter. Totaler Kindergarten. Kannst du dir vorstellen, warum sie sich gerade anschreien?«

»Keine Ahnung.«

»Es geht um die Frage, wie hoch die Wahrscheinlichkeit ist, dass ein Affe, der vor einer Schreibmaschine sitzt und viermal willkürlich auf eine Taste haut, ›Affe‹ schreibt. Ist das zu fassen? Da haben wir eine Pandemie, den Klimawandel und Kriege, und meine Eltern gehen sich wegen einer absurden Frage an die Gurgel.« Paula klang völlig außer sich.

»Sag ihnen, sie sollen Herrn Löwe fragen. Der ist schließlich Mathelehrer.«

»Das fehlt mir noch. Dann bin ich für Herrn Löwe die mit den peinlichen Eltern. Nein, danke. Was meine Eltern brauchen, sind andere Gesprächspartner. Sie langweilen sich. Ich habe schon überlegt, ob ich ihre Freunde bitte, sie anzurufen. Andererseits ist das nicht mein Job. Schließlich bin ich das Kind, und sie sind die Erwachsenen.«

Herkules dachte an seine Mutter. Sie hatte keinen Mann, mit dem sie sich hätte streiten können. Selbst wenn, seit Beginn der Pandemie war sie nach der Arbeit viel zu müde für irgendwelche Auseinandersetzungen.

Gemeinsam gingen Herkules und Paula die Fragen im Physikbuch durch. »Versprichst du mir, bis morgen den Dokumentarfilm in Geschichte zu sehen?«, fragte Paula zum Schluss. »Der Link ist in der E-Mail.«

Den hatte Herkules glatt übersehen. »Das hängt davon ab, ob Tom mich an seinen Rechner lässt. Mein Handy kann ich vergessen.«

»Das wird schon. Da bin ich mir ganz sicher.«

Herkules legte auf und schüttelte den Kopf. Paula und ihr Optimismus!

Den Rest des Nachmittages lag Herkules auf dem Sofa und las Comics. Ein Kumpel von Tom brachte Döner vorbei. Fast zeitgleich stellte Frau Rummel einen Apfelkuchen vor die Tür.

Tomputer schnitt ein Stück Kuchen ab, setzte sich an den Esstisch und biss abwechselnd in den Döner und in sein Kuchenstück. »Es ist ein bisschen wie am sechsten Dezember«, sagte er. »Immer wenn wir die Tür öffnen, war der Nikolaus da.«

Wieder klingelte das Telefon. »Hallo, Herkules, hier ist Nick. Ich stehe unten vor eurem Haus. Wenn ihr mich hereinlasst, stelle ich euch etwas vor die Wohnungstür. Bitte holt es gleich rein, damit es nicht gestohlen wird. Wir sprechen uns später.«

Noch mehr Essen? Herkules drückte auf den Summer. Kurz darauf sah er, wie Bobbies Vater mit zwei Paketen schnaufend die Stufen heraufkam und sie auf der Fußmatte ablegte. Kaum war er weg, riss Herkules die Tür auf und trug die Kartons nacheinander ins Wohnzimmer.

Das erste Paket enthielt einen Laptop, das zweite einen Drucker. Auf einer Karte stand: »Lieber Herkules! Du warst für Bobbie da, als er dich brauchte, und hast ihn sogar nach England und Italien begleitet. Endlich können wir uns revanchieren. Der Laptop ist ein alter Firmencomputer, den ich aufgerüstet habe, damit du vernünftig für die Schule arbeiten kannst. Der Drucker ist für euch beide. Bitte ruf mich an, damit wir die Details besprechen können.«

»Wow!«, entfuhr es Tom. »Das war nicht der Nikolaus, das war der Weihnachtsmann.«

Gemeinsam bauten sie alles auf. Tom installierte den Drucker. Herkules war so aufgeregt, dass er fast vergessen hätte, Bobbies Vater anzurufen. Zum Glück las er die Karte noch einmal und griff zum Telefon.

»Ich habe den Rechner mit einer Sicherheitssoftware und Jugendschutzprogrammen versehen und kann jederzeit kontrollieren, was du mit dem Computer machst«, erklärte Nick. »Das haben Frau Prima und deine Mutter so vereinbart. Wenn du mehr als drei Stunden am Tag am Rechner zugebracht hast, fährt er sich herunter. Dann musst du mich anrufen, und wir verhandeln, ob du mehr Computerzeit bekommst. Außerdem ist der Rechner nachts gesperrt. Herkules, ich weiß, dass das Internet verlockend ist. Aber es gibt viele Seiten, auf denen sich Kriminelle herumtreiben oder Unsinn verbreitet wird. Gefährlicher Unsinn. Deswegen muss ich mich darauf verlassen können, dass du nicht versuchst, die Sperren zu umgehen. Sonst ist der Laptop weg. Haben wir uns verstanden?«

Herkules schluckte. Also kein nächtelanges Durchzocken. Doch Bobbies Vater hatte recht. Bei einem unbegrenzten Zugang würde Herkules stundenlang daddeln und noch weniger für die Schule tun. »Ja«, antwortete er, »und nochmals vielen, vielen Dank.«

»Gern geschehen. Du kannst mich jederzeit anrufen, wenn du Fragen hast oder es Probleme gibt.«

Danach testeten Tomputer und Herkules den Laptop, bis alle hundertachtzig Minuten aufgebraucht waren. Der Dokumentarfilm musste bis morgen warten.

IV. Neuer Schwung

In den folgenden Tagen versorgten Frau Rummel, Milans und Paulas Eltern und Frau Prima die Brüder mit Lebensmitteln und Leckereien und vielen aufmunternden Nachrichten. Didini ließ sich nicht blicken, dafür schrieb Jonathan ihnen jeden Abend pünktlich um neun Botschaften in grünen Buchstaben auf den Fluss. Einmal ließ er sogar eine Wasserfontäne in die Luft schießen, die sich in einen tanzenden Piraten verwandelte. »Ich wusste gar nicht, dass Mister Grün so viel drauf hat«, meinte Tom anerkennend.

Frau Prima ging den Ämtern und der Klinik so lange auf die Nerven, bis eine Ärztin, die irgendwer von irgendwoher kannte, ihr zwei Coronatests aushändigte, die sie umgehend Herkules vor die Tür legte. Unter Würgen und begleitet von Frau Primas telefonischen Anweisungen nahmen die Brüder Abstriche aus ihren Rachen und deponierten die Teströhrchen auf der Fußmatte. Frau Prima, die draußen gewartet hatte, nahm sie mit und fuhr zum Labor. Noch von unterwegs rief sie Herkules an und erinnerte ihn an seine Hausaufgaben.

Herkules lag auf dem Bett und gähnte. Natürlich war er Frau Prima dankbar. Doch seit sie von seiner Quarantäne erfahren hatte, rief sie ihn täglich an und bemutterte ihn so sehr, dass es nervte. Gedankenverloren starrte er auf sein Handy. Er drückte auf »Kontakte bearbeiten« und änderte den Eintrag »Larissa Prima« in »Mördermutti«. Das war gemein, bald würde er es rückgängig machen. Aber heute brauchte er diesen stillen Protest.

Was jetzt? Er wollte nicht riskieren, dass seine Lehrerin ihn noch mal wegen der Hausaufgaben anrief, und wählte Paulas Nummer. »Wollen wir die Englischaufgaben zusammen machen?«, fragte er und fischte seinen Ordner vom Fußboden.

»Tut mir leid, Herkules, ich bin schon fertig. Laura hat mir geholfen.«

Herkules war überrascht. Laura, Paulas Halbschwester, studierte am anderen Ende der Republik. Paula sah sie fast nie und kannte sie kaum. »Ist Laura bei dir? Sind Besuche wieder erlaubt?«

»Laura wohnt jetzt bei uns. Allein in ihrer kleinen Studentenbude ist sie fast verrückt geworden. Immer nur Online-Vorlesungen und keinen Menschen sehen, wer soll das aushalten? Mama war erst etwas skeptisch. Laura ist ja Papas Tochter, und sie kennen sich nicht so gut, weil Laura immer in einer anderen Stadt gelebt hat. Aber sie ist supernett. Mama und Papa haben endlich eine neue Gesprächspartnerin und kommen wieder viel besser miteinander klar. Ich glaube, wenn wir uns streiten sollten, wird es höchstens darum gehen, mit wem von uns Laura ihre freie Zeit verbringt. Und weißt du was? Sie ist ein bisschen wie ich. Bei mir wirken keine Medikamente und bei ihr wirkt kein Alkohol. Sie kann trinken, so viel sie will, ohne dass sie fröhlich oder aggressiv wird. Bei ihr passiert nichts. Deswegen verzichtet sie auf das Zeug.«

Es versetzte Herkules einen kleinen Stich, dass Paula nur noch ihre Schwester im Kopf zu haben schien. Im nächsten Moment ärgerte er sich über sich selbst. Während seiner Quarantäne hatten Paula und Milan bewiesen, dass sie die besten Freunde waren, die man sich wünschen konnte. Und das, obwohl der dauernde Streit zwischen ihren Eltern Paula sehr belastet hatte. Nein, er sollte sich für sie freuen.

Paula klang wirklich glücklich. »Ich muss aufhören, Laura und ich machen jetzt Sport. Sie hat Yogamatten mitgebracht und uns ein Training aus dem Internet herausgesucht.«

Lustlos trug Herkules sein Englischbuch zum Schreibtisch und schlug es auf. Die Fragen, die er beantworten sollte, waren öde, öde, öde. Wie lang war die Themse? Er fuhr seinen Rechner hoch.

»Wurde ja auch Zeit«, sagte eine näselnde Stimme in vorwurfsvollem Ton.

Verwirrt sah Herkules sich um. Tom war nicht zu sehen.

»Du musst gar nicht suchen. Hier spricht dein Computer.«

War das ein Scherz?

»Mein lieber Freund, mach den Mund zu. Du guckst wie ein Mondkalb. Wobei ›Mondferkel‹ wohl besser passen würde. Dein Zimmer ist ein Saustall.«

Sehr witzig. Mit wenigen Schritten war Herkules in der Küche, wo sein Bruder Milch direkt aus der Tüte trank. Ehe Herkules ihn fragen konnte, wie Tom seinen Laptop gekapert hatte, brüllte die Stimme aus Herkules‘ Zimmer: »He, du Faulpelz! Du hast noch nicht einmal angefangen. Komm sofort zurück, sonst mache ich dir Beine.«

Tom zog eine Augenbraue hoch. »Wer ist das?«

»Mein Computer.«

»Bobbies Vater?«

»Keine Ahnung. Kannst du dir das mal ansehen?«

Tom untersuchte den Rechner, während die Stimme aus dem Laptop ihn unentwegt verspottete. Er kappte die Internetverbindung und stellte den Ton aus. Vergeblich.

»Das könnt ihr euch in eure ungewaschenen Haare schmieren«, höhnte der Computer. »Mich bringt man nicht so einfach zum Schweigen. Ich habe eine Mission, von der mich niemand abbringt.«

»Der hat keine Mission, der hat einen an der Waffel«, murmelte Tom.

»Das habe ich gehört, Erdling.«

»Erdling?«, fragte Herkules. »Bist du ein Außerirdischer? Ich dachte, du bist ein Computer.«

»Natürlich bin ich ein Computer und kein Alien. Ich wollte nur sehen, ob ihr Dumpfbacken mir zuhört.«

Tom gab sich geschlagen. »Okay. Was ist deine Mission?«

»Ich passe auf euch auf. Eure Freunde reißen sich für euch den Hintern auf, dabei haben sie selbst genug zu tun. Es wird Zeit, dass ein anderer für euch sorgt und den Laden auf Vordermann bringt.«

Sprechende Computer? »Eher Magie«, dachte Herkules. Konnten Geister Besitz von Gegenständen ergreifen? Oder gab es andere magische Wesen, die das taten? Zu gerne hätte er Jonathan gefragt, aber der kam nicht in ihre Wohnung, und Didini ließ sich nicht blicken. Er würde mit Tom darüber sprechen, wenn sie ungestört waren. Vorerst hielt er es für besser, mitzuspielen und ihren selbsternannten Babysitter im Auge zu behalten.

Er schob mit dem Fuß ein paar herumliegende T-Shirts beiseite und setzte sich auf den Boden. Was für eine Lage: Sie waren seit über einer Woche unter Quarantäne gestellt, durften nicht hinaus und ein Eindringling gab sich als größenwahnsinniger Computer aus. Was noch?

»Die T-Shirts hebst du schön auf. Die schmutzigen kommen in die Waschmaschine, die anderen in den Kleiderschrank. Gefaltet natürlich!«

Bis zum Abend kommandierte der Laptop die beiden herum. Herkules musste nicht nur die Englischaufgaben lösen, sondern auch Vokabeln üben, bis sie saßen. Tomputer wurde dazu verdonnert, sich für eine Stunde auf den Balkon zu setzen und ein

Buch zu lesen. »Immer nur am Bildschirm hocken, ts-ts-ts! Du bist blass wie aus der Gruft«, säuselte die Stimme. Als Tom sich weigerte, drohte der Laptop, sich mit Toms Rechner zu vernetzen und alle Spiele zu löschen. Widerwillig gab Tomputer nach. Kaum war die Stunde um, ging es weiter: Geschirrspüler ausräumen, staubsaugen, Waschmaschine anstellen, lüften, Bad putzen, Küche wischen. »Scheuert das Deck, ihr Süßwassermatrosen!«, brüllte der Laptop, den Herkules jedes Mal mitnehmen musste, wenn sie in ein anderes Zimmer gingen.

Als Frau Rummel anrief und ankündigte, in fünf Minuten einen Kartoffelauflauf vor die Tür zu stellen, gab ihr tyrannischer Aufpasser sich zufrieden: »Das lief gar nicht so schlecht. Morgen um acht machen wir weiter.«

»Morgen ist Wochenende!«, protestierte Herkules.

»Okay, acht Uhr zehn. Wir beginnen mit Frühsport.« Nach diesen Worten fuhr der Rechner herunter.

Herkules zog den Stecker heraus. Ihm fiel auf, dass der Computer weitaus länger an gewesen war als drei Stunden. Wer oder was steckte nur dahinter?

Tom musste sich dasselbe gefragt haben. Er legte den Finger auf den Mund und winkte Herkules, ihm zu folgen. Auf dem Balkon atmete er tief durch. »Endlich ist das Ding aus! Ich bin mir ziemlich sicher, dass wir es nicht mit einem Menschen zu tun haben. Meinst du, es ist ein Geist? Unser grüner Freund?«

Herkules überlegte. »Ein Geist vielleicht, aber nicht Jonathan. Ich glaube nicht, dass er sein Spukgebiet schon wieder erweitert hat und jetzt in unsere Wohnung kommt. Außerdem passt diese Tyrannenummer nicht zu ihm.«

»Und was machen wir, wenn der Typ morgen weitermacht?«

»Ihn beobachten, vielleicht fällt uns etwas an ihm auf. Ansonsten bleibt uns nicht viel mehr, als darauf zu hoffen, dass Didini uns bald besucht.«

V. Freiheit

Wenn Herkules jemals daran gedacht hätte, zum Militär zu gehen, hätte er seine Pläne spätestens an diesem Wochenende begraben. Der Laptop ließ ihnen keine Ruhe und entwickelte einen auf die Jungs zugeschnittenen Drill: Sport, Wäsche aufhängen, Schulaufgaben, Sport, duschen, Haare waschen, Fußnägel schneiden, lüften – wer auch immer dahintersteckte, war offensichtlich eine Kreuzung aus Feldwebel und Sauberkeitsfanatiker. Obendrein hörten sie unentwegt Sprüche wie »vor den Lohn haben die Götter den Schweiß gesetzt« oder »ohne Fleiß kein Preis«. Trotzdem musste Herkules zugeben, dass die Wohnung viel einladender aussah und er nach all der Bewegung zum ersten Mal seit Wochen gut schlief.

Am Montagvormittag kam der erlösende Anruf. »Das Testergebnis ist da«, verkündete Frau Prima. »Ihr habt kein Corona. Das Gesundheitsamt hat die Quarantäne offiziell aufgehoben.«

Herkules und Tom fielen sich in die Arme. »Lass uns abhauen, ehe unser Sklaventreiber eine Methode findet, die Tür zu verrammeln«, flüsterte Tom seinem Bruder ins Ohr.

»Das habe ich gehört«, rief der Rechner. »Wenn ihr glaubt, dass ihr euch davonmachen könnt, irrt ihr euch gewaltig. Herkules wird jetzt die Aufgabe für den Kunstunterricht erledigen und zeichnen, was er sieht, wenn er aus dem Fenster schaut, und du, Tom, wirst dich der Wahrscheinlichkeitsrechnung widmen.«

Tom platzte der Kragen. »Noch ein Wort und du wirst selber aus dem Fenster schauen, weil ich dich dann mit hundertprozentiger Wahrscheinlichkeit hinauswerfe.«

Herkules hielt den Atem an. Würde Tom seine Drohung wahrmachen? Schließlich war es Herkules' Laptop. Was würde Bobbies Vater sagen?

Zum Glück lenkte ihr Aufpasser ein. »Schon gut, schon gut, vielleicht war ich etwas streng. Geht hinaus und schnappt frische Luft! Das fällt unter Sport. Aber vorher zieh dir ein frisches T-Shirt an, Herkules. Du müffelst.«

Herkules war zu gut gelaunt, um sich zu streiten. Er wechselte das T-Shirt und rannte hinter Tom her, der unten vor dem Haus auf ihn wartete. Genüsslich sog er die frische Luft ein. Endlich draußen! Es war herrlich.

»Ehrlich«, sagte Tom, während sie die Straße entlangliefen, »noch ein Tag mit diesem Tyrannen und ich gebe mir die Kugel. Bald soll es Unterricht per Videokonferenz geben. Kannst du dir vorstellen, was der Typ macht, wenn er mit dem Lehrer nicht zufrieden ist? Er wird ihn rundmachen und alle werden denken, dass wir es sind.«

Herkules schauderte.

Tom fuhr fort: »Ich habe noch mal alles überprüft. Es ist unmöglich, dass Bobbies Vater oder sonst jemand den Computer aus der Ferne steuert. Es muss mit Jonathan und seinen Freunden zusammenhängen.«

Herkules schüttelte den Kopf. »Bestimmt nicht Jonathan. Der ist viel zu lieb und hektisch. Selbst wenn er einen Weg gefunden hätte, in unsere Wohnung zu kommen, würde er sich die Zeit ganz anders vertreiben. Jonathan hätte bestimmt mit uns gespielt.«

»Was hätte ich?«

Sie hatten die Straßenbahnhaltestelle erreicht. Jonathan sprang vom Dach des Wartehäuschens herunter und umarmte sie freudestrahlend. »Willkommen zurück, meine Freunde! Ich habe euch so vermisst. Habt ihr etwas Zeit?«

Herkules sah sich um. Sie waren allein. Tom, den Jonathan wie eine Puppe hochgehoben und herumgeschwenkt hatte, wankte benommen. Herkules zog den Geist auf die Bank im leeren Wartehäuschen. Fröhlich erzählte er ihm, dass ihre Quarantäne aufgehoben und dies ihr erster Spaziergang war.

Jonathan drehte Pirouetten auf den Schienen und brachte sie seinerseits auf den neuesten Stand. »Didini ist bei Bobbie. Bobbies Mutter muss jeden Montag und Mittwoch zur Krankengymnastik, und sein Vater hängt von morgens bis abends in Telefonkonferenzen. Deswegen hilft Didini dem Kleinen manchmal bei den Schulaufgaben und fliegt mit ihm zur Belohnung eine Runde. Um Paula machen wir uns keine Sorgen mehr, die hat ihre Schwester Laura, und ihre Eltern sind auch vernünftig geworden. Milan geht manchmal am Fluss joggen, da begleite ich ihn. Ansonsten besucht Didini ihn und fliegt mit ihm auf den Schatzberg. Ich täte ja gern mehr für euch alle, aber als ortsfester Geist bin ich an meine Spukfläche gebunden, und Didini dachte, dass Bobbie und Milan sie nötiger brauchen als ihr, weil sie Einzelkinder sind.«

Herkules schwieg. Er war sich ganz sicher, dass Jonathan nichts mit den Geschehnissen in ihrer Wohnung zu tun hatte.

»Worüber habt ihr eigentlich eben geredet? Ich habe meinen Namen gehört«, erkundigte sich der Geist.

»Wir wollten dich fragen, ob Geister auch über Computer spuken können«, antwortete Herkules.

»Über Computer? Nie gehört. Ich meine, wir haben das Geisternet. Aber spuken mit Rechnern? Wie soll das gehen? Wie kommst du darauf?«

Abwechselnd berichteten Herkules und Tom von den vergangenen Tagen. Jonathan kicherte, als Herkules beschrieb, wie der Laptop sie zum Hausputz genötigt hatte. »Anscheinend hatte eure Wohnung es nötig«, merkte er an. »Didinis Schilderung von eurem Wohnzimmer ist mir in bleibender Erinnerung.« Besonders laut lachte er, als Tom die Stimme des Rechners nachäffte. »Süßwassermatrosen? Das hat mein Großonkel Wotan von Nobelnobel auch immer gebrüllt. Er war Admiral auf einem Schiff und hat so laut gewütet, dass die Wellen des Ozeans vor ihm zurückwichen. Bei Geistertreffen haben meine Schwester Bettine und ich uns manchmal vor ihm in einer Truhe versteckt und heimlich seine Flüche mitgeschrieben, um ...«

Jonathan brach ab. Sein Gesichtsausdruck verfinsterte sich. »Tut mir leid, meine Freunde, mir schwant, wer hinter dem Ganzen steckt. Ich kümmere mich darum. Zeit für eine Aussprache.« Mit diesen Worten verschwand er.

Wotan von Nobelnobel? Ein alter Seebär hatte den Laptop gekapert? Herkules konnte nicht länger stillsitzen und stand auf. »Was jetzt?«, fragte er Tom. »Gehen wir einkaufen?«

»Lass uns erst Mama anrufen. Sie müsste wach sein.«

Die Erleichterung ihrer Mutter über das Testergebnis war nicht zu überhören. »Ich bin ja so froh. Ich habe mir solche Sorgen gemacht. Es tut mir unendlich leid, dass ich nicht für euch da sein kann. Tom, hast du gesehen, dass ich dir Geld auf dein Konto überwiesen habe? Es ist für Essen, Getränke und was ihr sonst noch benötigt. Bitte kauft davon auch Blumen für alle, die uns geholfen haben.«

»Die Blumenläden sind zu«, wandte Herkules ein.

»Dann geht zum Supermarkt, da gibt es auch welche.«

»Sollen wir für dich etwas besorgen?«

»Nein, danke. Meine Kollegin bringt mir alles, was ich brauche.«

Also liefen sie zum nächsten Sparkassenautomaten, wo Tom Geld abhob, kauften sechs in Plastik verpackte Blumensträuße und fuhren mit der Straßenbahn zu Frau Prima, Milan, Paula und Bobbie, wo sie jeweils einen Strauß ablieferten. Herkules schwitzte. Es war unerträglich schwül. Von Jonathan weit und breit keine Spur, nicht einmal ein zartes grünes Flackern.

Auf dem Rückweg besorgte Tom noch ein paar Lebensmittel, während Herkules mit den beiden restlichen Sträußen vor dem Geschäft wartete und beobachtete, wie sich dunkle Wolken auftürmten.

Tom kam mit zwei vollen Taschen aus dem Laden. »Das war's«, ächzte er. »Ab nach Hause!«

Herkules nahm ihm einen Beutel ab. »Was machen wir mit dem Laptop?«, fragte er, als sie in ihre Straße einbogen.

»Abwarten«, meinte Tom. »Ob Geist oder Computer, das Ding nervt zwar, aber ganz ehrlich: Wir haben wirklich viel geschafft.

Unsere Zimmer sind wieder bewohnbar, und was die Schule betrifft, habe ich echt gute Arbeit abgeliefert.«

Tom hatte recht. Im schlimmsten Fall würden sie sich noch eine Zeitlang herumkommandieren lassen. Außerdem wollte Jonathan sich um die Angelegenheit kümmern.

Ein dicker Regentropfen landete auf Herkules' Nase. Es donnerte. Gerade noch rechtzeitig erreichten sie ihr Haus. Im Treppenhaus legten sie einen Strauß vor Frau Rummels Tür ab.

Oben im Dachgeschoss angekommen, schloss Tom auf. »Hallo?«, rief Herkules, als sie die Wohnung betraten.

Keine Antwort.

Herkules streifte seine Turnschuhe ab und wollte sie mit dem Fuß zur Seite schieben, überlegte es sich jedoch anders. Ordentlich stellte er sie ins Regal.

Irgendwie erschien ihm die Wohnung noch heller und ordentlicher als ein paar Stunden zuvor. Sein Bett war gemacht, die Kissen auf dem Sofa lagen anders. Hatte der Geist den Computer verlassen und aufgeräumt?

Herkules fuhr den Laptop hoch. Nichts geschah.

»Ich glaube, unser Einpeitscher ist weg«, meinte Tom.

Zu seiner Überraschung stellte Herkules fest, dass er fast so etwas wie Enttäuschung verspürte. »Vielleicht kommt er ja wieder«, sagte er. »Am besten räumen wir die Einkäufe in die Schränke und fangen mit den Schulaufgaben an.«

VI. Das Gewitter

Der Himmel war dunkelgrau, in der Ferne blitzte es. Herkules schaltete das Licht an. Er stand am Esstisch und schaute zum Fenster. Zufrieden räumte er seine Sachen zusammen. Mathe fertig, Deutsch auch. In Geschichte hatte er sogar vorgelernt und ein paar Seiten weiter gelesen, als er musste. Ihr Babysitter wäre stolz auf ihn. Der allerdings ließ nichts von sich hören. Sein Rechner war wieder ein ganz normaler Laptop.

Die Blitze wurden heller, das Donnern kam näher. Herkules stellte seine Schultasche weg und legte sich aufs Sofa. Tomputer setzte Nudeln auf.

Der Regen trommelte so laut auf die Dachfenster, dass sie das Klopfen fast nicht bemerkt hätten. Didini! Sie stand auf dem Balkon und hatte ihren Teppich schon weggesteckt. Mit einer Handbewegung verscheuchte sie die Wassertropfen, als wären sie Fliegen. Herkules riss die Tür auf und ließ sie ins Wohnzimmer. Sie war komplett trocken, nur ihr Gesicht war tränenüberströmt.

»Was ist los?«, fragte er erschrocken.

Didini setzte sich im Schneidersitz auf den Esstisch, legte ihren Kopf in die Hände und schluchzte. Tom warf seinem Bruder einen fragenden Blick zu. Hilflos zuckte Herkules mit den Schultern. So hatte er Didini noch nie erlebt. Sie weinte und weinte. Sollte er sie in den Arm nehmen? Ihre Hand halten? Plötzlich erinnerte er sich an den letzten Strauß, den sie gekauft hatten und der eigentlich für ihre Mutter gedacht war. Mit dem Kopf wies er zu den Tulpen, die sie in eine viel zu große Vase gesteckt hatten. Tomputer verstand sofort und brachte die tropfenden Blumen herüber. Herkules nahm Küchenkrepp und wischte den Tisch so lange trocken, bis Didini aufblickte.

»Die sind für dich und Jonathan«, sagte Tom und gab ihr den Strauß. »Als Dankeschön dafür, dass ihr für uns da wart.«

Didini blinzelte die Tränen weg und wiegte den Strauß in ihren Armen wie ein Kind. »Ein Geschenk! Das ist sooo lieb«, flüsterte sie. »Ich bin sicher, dass Jonathan sich genauso freuen wird wie ich, sobald er mit dem Gewitter fertig ist.«

Verwirrt fuhr sich Herkules mit dem nassen Küchenkrepp über die Haare. »Jonathan macht Gewitter? Ich wusste gar nicht, dass er das kann. Bei eurer Hochzeit ging ich davon aus, dass andere Geister das gezaubert hatten.«

»Das stimmt. Das war Bettine. Bettine kann das. Sie ist unglaublich. Und genau das ist das Problem. Im Spuken hat Jonathan ihr noch nie das Wasser reichen können. Deswegen war es eine ganz dumme Idee von mir, sie einzuladen. Eine saudumme Überraschung. Monsterhöllenhundekackedämlich.«

Nie zuvor hatte Herkules sie fluchen hören. Was sollte er sagen? Paula wüsste, wie sie Didini trösten könnte. Ihm jedoch fiel nichts ein.

Zum Glück übernahm Tom. »Ich versuche mal, das zu verstehen«, sagte er mit ruhiger Stimme und setzte sich auf einen der Stühle. »Die Überraschung, von der du neulich erzählt hast, ist Bettine. Du wolltest Jonathan eine Freude machen und hast sie eingeladen. Nur vertragen sich die lieben Geschwister nicht, weil Bettine besser spuken kann. Richtig?«

Didini nickte. »Bei der Hochzeit waren sie so ausgelassen, dass ich dachte, es sei endlich alles in Ordnung. Offensichtlich lag ich da falsch.« Sie schnupperte an den Blumen. »In den letzten Tagen habe ich mit beiden geredet und sehr viel nachgedacht. Ich erkläre mir das so: Jahrhundertelang waren die männlichen von Nobelnobels führende Mitglieder der Gesellschaft und die Frauen haben sich stets im Hintergrund gehalten. Auf diese Tradition wird viel Wert gelegt. Nur Bettine passt da nicht hinein. Sie spukt so gut, wie meine Schwiegereltern es sich für einen Sohn gewünscht hätten, und sie denkt nicht daran, ihr Licht unter den Scheffel zu stellen. Je mehr man Bettine einen gleichberechtigten Platz unter den männlichen Mitgliedern der Sippe verweigerte, desto härter arbeitete sie. Die Familie fürchtete schon früh, dass Bettine auf diese Weise nie einen Mann finden würde, und tut noch immer alles, was Bettine zaubert, als unbedeutend ab.«

Didini zupfte eine abgebrochene weiße Tulpenblüte aus dem Strauß und steckte sie sich in ihre kupferfarbenen Haare. »Leider hat sie ihren Bruder in diesen Konflikt hineingezogen. Was immer der Arme zauberte, sie übertraf ihn. Ihr kennt meinen Jonathan. Er ist ein wunderbarer, großzügiger Geist mit vielen Begabungen, und es ist unmöglich, ihn nicht zu mögen. Aber was das Spuken angeht, hat er nicht annähernd so viel Ehrgeiz wie seine Schwester. Trotzdem war er Tag für Tag diesem ungewollten Wettkampf ausgesetzt. Sein Vater, der Jonathan nicht schlechter dastehen lassen will, erzählt immer wieder aller Welt, was für einen großartigen Sohn er hat. Bettine hat es ihrem Vater lange heimgezahlt, indem sie keine Gelegenheit ausließ, Jonathan ihre Überlegenheit zu demonstrieren. Ich glaube, es tut ihr inzwischen leid. Aber die Verletzungen sind auf beiden Seiten groß.«

»Auf beiden Seiten? Was hat denn Jonathan seiner Schwester angetan?«, fragte Herkules.

»Er hat den Rückhalt der ganzen Sippe und lässt das Bettine spüren. Er nimmt es ihr übel, dass sie sich von der Familie abgewandt und ihn mit den Altvorderen allein gelassen hat. Die ganze Last der familiären Erwartungen ruht auf ihm. Bettine ist so eine Außenseiterin, dass sie aus seiner Sicht Narrenfreiheit genießt.

Er sieht nicht, dass seine Schwester unter der strengen Tradition ihrer Ahnen keine Luft zum Atmen hatte und ausbrechen musste, um sie selbst zu sein. Er sieht auch nicht den hohen Preis, den sie gezahlt hat: ein Leben ohne den Zuspruch der Familie.«

Tom kratzte sich am Kinn. »Ich dachte immer, wir hätten mit unserem Nullvater Pech. Aber der hat wenigstens Herkules und mich nicht auseinandergebracht.«

»Na ja«, sagte Didini. »Jonathans Eltern sind auf ihre Weise wahnsinnig liebe Leute, die viel für ihre Kinder getan haben. Sie wollen wirklich das Beste für sie. Aber sie hätten ihnen etwas mehr Freiraum lassen sollen, ihren eigenen Weg zu gehen.«

»Warum hat Jonathan sich nicht dagegen gewehrt?«, fragte Herkules.

»Zum einen hängt Jonathan an Traditionen und empfindet sie nicht als eine so große Last, wie Bettine es tut. Zum anderen wird in den meisten Familien die Rolle des Rebellen nur einmal vergeben. Diese Rolle hat Bettine besetzt. Jonathan streitet nicht gern. Also ist er der Schlichter. Nur kommt er bei Bettine mit Schlichten nicht weit. Seit Jahren versucht er, den Familienfrieden zu wahren, und seine Schwester macht Krawall und all seine Bemühungen zunichte. Aus seiner Sicht ist sie ein brennendes Streichholz im Lager für Feuerwerkskörper. Fairerweise sollte man aber sagen, dass alle Familienmitglieder zündeln, nicht nur Bettine.«

Ein ohrenbetäubender Donner krachte so laut, dass Herkules zur Decke blickte. Es polterte auf dem Dach. »Heißt das, die beiden fetzen sich gerade? So wie Kleinkinder sich mit Sand bewerfen, schleudert Bettine Blitze und Jonathan brüllt, bis es donnert?«

»So in etwa. Alleine könnte Jonathan kein Gewitter aufziehen lassen. Aber die Magie, die Bettine ins Spiel bringt, kann er nutzen.« Ein Blitz schlug ganz in der Nähe ein und erleuchtete das Wohnzimmer für den Bruchteil einer Sekunde. Didini heulte auf. »Es ist furchtbar. Seit Tagen nehmen die Streitigkeiten zwischen ihnen zu. Ich glaube, Bettine ist mit dem Vorsatz gekommen, für ihren Bruder da zu sein. Aber sein Stolz lässt das nicht zu. Er kann keine Schwäche zeigen. Und dann übertrumpft sie ihn. Neulich hat er für euch eine Fontäne gezaubert. Bettine meinte es gut und hat aus der Fontäne eine Figur gemacht. Jonathan fand das gar nicht toll. Heute früh ist irgendwas passiert, da ist er völlig aus der Haut gefahren. Seitdem kreisen die beiden über dem Fluss und schreien sich an.«

Hagel prasselte gegen die Scheiben. Wieder begann Didini zu schluchzen. Es war Zeit für eine Ablenkung.

»Lass sie streiten«, sagte Herkules. »Vielleicht muss das alles raus. Wie wäre es, wenn du bei uns bleibst und mit uns Toms berühmte Nudeln mit Butter und Käse isst? Mit etwas Glück stellt uns Frau Rummel einen Nachtisch vor die Tür.«

Didini wischte sich die Tränen aus dem Gesicht. »Danke, eine kleine Portion wäre nett.«

Tom stand auf. »Wie kommt es eigentlich, dass du essen kannst? Ist das bei Geistern normal?«

Didini strich sich die Haare glatt. »Nein. Geister brauchen keine Nahrung. Aber jeder von uns kann etwas, das kein anderer kann. Jonathan sieht, was unter der Erde verborgen ist. Urano kann Träume lesen. Ich kann essen und trinken. Ganz einfach.«

Als Didini drei Teller Nudeln verputzt hatte, regnete es noch immer. Sie warf einen Blick nach draußen. »Eines haben die beiden gemeinsam: Sie sind stur wie Esel. Könnten wir vielleicht am Computer spielen? Das würde mich auf andere Gedanken bringen.«

Herkules fand den Vorschlag sehr vernünftig. Auch Tom nickte.

VII. Eine böse Überraschung

Dem gewaltigen Unwetter nach mussten Jonathan und Bettine wahnsinnig wütend sein. Es gewitterte die ganze Nacht, selbst am folgenden Tag blitzte es noch ab und zu in der Ferne. Ob sich die beiden jemals beruhigen würden? Oder würde das Wetter erst besser werden, wenn ihnen die Energie ausging?

Als der Himmel am Nachmittag endlich aufklarte, holten Tom und Herkules ihre Räder aus dem Keller und fuhren durch die Gegend. Treffen mit Freunden waren wegen der Corona-Pandemie verboten, aber Besorgungen im Supermarkt erlaubt. Um länger unterwegs zu sein, radelten sie zu einem weit entfernten Einkaufszentrum. Dabei mieden sie die Straßenbahn, für den Fall, dass ein völlig aufgeladener Jonathan die Schienen versehentlich unter Strom setzen sollte.

Im Supermarkt kauften Herkules und Tom zwei riesige Schokoladenhasen, die zum Bruchteil des ursprünglichen Preises angeboten wurden, weil Ostern längst vorbei war. Auf dem Heimweg lieferten sie sich ein Wettrennen. Herkules war in den vergangenen Monaten gewachsen und stellte mit Genugtuung fest, dass sein Bruder ihn nicht mehr abhängen konnte.

Zu Hause warf sich Herkules aufs Sofa. Als er zur Wohnzimmerdecke starrte, fiel ihm ein dunkler Fleck auf. Herkules stand auf. Direkt unter dem Fleck hatte sich eine kleine Pfütze auf dem Fußboden gebildet. »Kannst du mal herkommen, Tom? Wir haben ein Problem.«

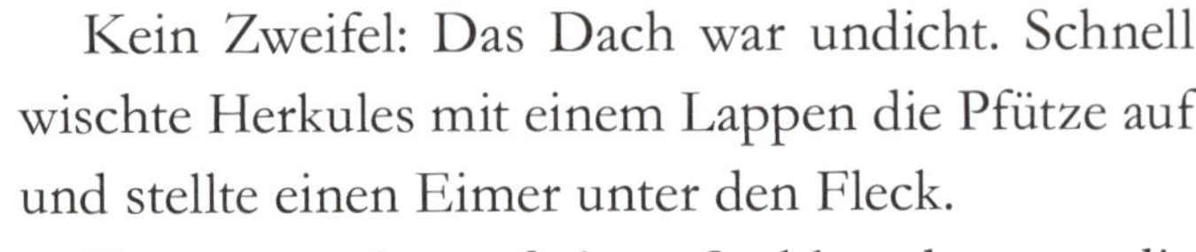

Kein Zweifel: Das Dach war undicht. Schnell wischte Herkules mit einem Lappen die Pfütze auf und stellte einen Eimer unter den Fleck.

Tomputer stieg auf einen Stuhl und tastete die Stelle ab. Anschließend ging er auf den Balkon und blickte nach oben. »Mist. Das Unwetter hat ein paar Ziegel vom Dach gerissen. Ich kann nur hoffen, dass unser rotzgrüner Freund und seine zornesrote Schwester haftpflichtversichert sind. In Zukunft sollen sie ihren blöden Familienstreit anderswo austragen. Wenn es heute wieder gewittert, können wir im Wohnzimmer duschen.«

Das hatte ihnen gerade noch gefehlt. In wenigen Tagen sollte ihre Mutter zurückkommen, und was würde sie vorfinden?

»Lass uns Mama anrufen«, sagte Herkules. »Es geht ihr schon besser, bestimmt kann sie uns sagen, was wir tun sollen.«

Ihre Mutter überlegte nicht lange. »Das muss sofort repariert werden. Ich sage dem Hausmeister Bescheid.«

Eine Viertelstunde später rief sie zurück: »Der Hausmeister geht nicht ans Telefon. Ich habe im Internet einen Dachdeckerdienst gefunden und dort angerufen. Der Preis ist okay, und es könnte noch heute jemand vorbeikommen. Die Dame am Telefon meinte, dass sie Fotos von den Dachziegeln benötigt. Das müsstet ihr erledigen. Außerdem müsst

ihr bar bezahlen. Tom, könntest du schnell Geld abheben? Es müsste gerade noch genug auf deinem Konto sein. Ich überweise dir gleich mehr, aber das kommt erst morgen an. Lasst euch auf jeden Fall die Rechnung und eine Quittung geben, damit ich sie bei der Hausverwaltung einreichen kann.«

Als sie aufgelegt hatten, ging Herkules auf den Balkon und fotografierte die Dachziegel. Tom wählte die Nummer, die Herkules notiert hatte.

»Dachdeckernotdienst Vierundzwanzigsieben«, meldete sich eine weibliche Stimme am anderen Ende. »Was kann ich für Sie tun?«

Tom stellte sich vor, schilderte das Problem und nahm auf den Anruf ihrer Mutter Bezug. Die Frau nannte ihm eine E-Mail-Adresse, an die er das Foto schicken sollte. »Im Moment sind alle meine Leute unterwegs. In zwei Stunden kann ich wen vorbeischicken.«

Gut drei Stunden später erschien ein breitschultriger Mann in einer grauen Latzhose, der sich an Tom und Herkules vorbei auf den Balkon schob. »Oh je«, knurrte er. »Das sieht übel aus. Da fehlen ja nicht nur Dachziegel. Die Balken sind von Annodazumal. Die muss ich trocknen und imprägnieren, sonst haben wir es mit Schimmel und Schwamm zu tun. Neue Dachpappe brauche ich auch. Ich sehe mal, was ich im Wagen habe.«

Er verließ die Wohnung und kam nach wenigen Minuten mit einem Kollegen und mehreren Kartons und Geräten zurück. Aufmerksam beobachtete Herkules vom Wohnzimmer aus, wie einer der Handwerker hinaufkletterte und verschwand. Sein Kollege nahm Ziegel für Ziegel von oben entgegen und reichte dem Mann auf dem Dach ein Gerät. Was der genau dort oben tat, konnte Herkules nicht sehen, aber es klang wie ein Föhn und dauerte ziemlich lange. Dann wanderten Pinsel und Lack nach oben. Irgendwann gab der Mann auf dem Balkon seinem Kollegen auf dem Dach Ziegel aus einem der Kartons.

»Die sehen genauso aus wie die, die sie abgenommen haben«, flüsterte Tom. »Warum verwenden sie nicht die alten? Die sind doch noch gut. Es fehlen nur ein paar.«

Die beiden Männer räumten ihre Sachen zusammen. Während der, der später gekommen war, die Geräte nach unten trug, blieb der andere im Wohnzimmer, schrieb eine Rechnung und hielt sie Tom wortlos hin. Der nahm sie und riss erschrocken die Augen auf. Auch Herkules las, was der Mann aufgeschrieben hatte. Unter dem ursprünglich vereinbarten Preis standen Posten wie »Sicherheitsbewertung«, »Behandlung von Schimmelbefall«, »Beratung«, »Materialprüfung«, »Zuschlag für Materialtransport in höheres Stockwerk ohne Fahrstuhl«, »Ziegel mit Öko-Lasur«, »Abendzuschlag«, »pandemiebedingter Risikoaufschlag«, »Ortszuschlag« und »27 % Umsatzsteuer«.

»Aber das ist viermal so viel, wie die Frau am Telefon gemeint hat«, protestierte Tom.

»Wenn ihr am Telefon behauptet, es gäbe nur eine Kleinigkeit zu tun, und ihr mir dann diesen Trümmerhaufen präsentiert, geht der Preis nach oben«, konterte der Mann.

»Wir haben aber nicht so viel Geld«, wandte Tomputer ein. »Lassen Sie uns die Rechnung da. Meine Mutter wird sie prüfen und Ihnen den Betrag überweisen.«

Der Dachdecker baute sich vor Tom auf und rückte so dicht an ihn heran, dass seine Latzhose Toms T-Shirt berührte. »Hier wird nichts geprüft. Hier wird gezahlt. Jetzt. Sonst baue ich das alles wieder ab und noch ein bisschen mehr. Ich kann dir versichern, dass der nächste Regen das ganze Haus unter Wasser setzen wird, und das kommt noch viel, viel teurer als meine bescheidene Dienstleistung.«

Tom wich zwei Schritte zurück. Seine Hände, mit denen er die Rechnung hielt, zitterten.

Eine Ader an der Schläfe des Mannes trat hervor. »Was habt ihr?«, bellte er. »Bargeld? Girokarte? Sparschwein?«

Ehe Tom antworten konnte, mischte Herkules sich ein. »Tom, Mutti hat doch gesagt, dass es vielleicht teurer wird und wir sie anrufen sollen, wenn unser Geld nicht reicht. Sie meinte, sie kommt dann schnell und zahlt den Rest. Sie müsste sowieso gleich Feierabend haben. Ich rufe sie an.«

Zum Glück ließ Tom sich nichts anmerken. Noch nie hatten sie ihre Mutter »Mutti« genannt und arbeiten war sie ja auch nicht.

Herkules zückte sein Handy. Mit einem Satz war der Mann bei ihm und hielt Herkules‘ Hand fest. »Halt!«, rief er. »Ich will sehen, dass du wirklich deine Mutter anrufst.«

Herkules zeigte ihm das Display und suchte im Kontaktverzeichnis »Mördermutti« heraus.

»Sehr charmante Bezeichnung«, knurrte der Mann. »Heutzutage haben die Gören keinerlei Respekt vor ihren Eltern.« Aber er ließ zu, dass Herkules telefonierte.

»Geh ran!«, flehte Herkules in Gedanken. Er wurde erhört. Ehe Frau Prima etwas sagen konnte, legte er los: »Mutti, entschuldige, dass wir dich stören. Aber du musst ganz schnell nach Hause kommen. Du hast doch gesagt, dass wir den Dachdeckernotdienst rufen sollen. Und du hattest recht, es ist viel teurer geworden. Kannst du bitte sofort kommen und die Rechnung bezahlen?«

»Jede weitere Viertelstunde kostet extra«, mahnte der Handwerker.

»Hörst du das, Mutti?«, fuhr Herkules fort. »Der Dachdecker hat nicht viel Zeit. Er nimmt Giro-Karten. Oder dein Kollege Onkel Peter leiht dir etwas Bargeld. Bitte beeil dich!«

»Herkules, also ...«

»Mutti, ich weiß, deine Arbeit ist wichtig. Aber deine Kinder brauchen dich. Bis gleich, ich hab dich lieb!« Herkules legte auf.

»Wenn ich so mit meiner Mutter geredet hätte, hätte ich eins hinter die Löffel bekommen«, schnaubte der Mann. »Egal, wollen wir mal hoffen, dass sie ihren Hintern bald hierher schwingt.«

Gemeinsam warteten sie im Wohnungsflur. Nervös blickte Herkules auf die Uhr. Sollte er dem Dachdecker etwas zu trinken anbieten? Dann hätte er wenigstens dessen Fingerabdrücke, wenn der Mann sich entschied, doch schon zu gehen. Andererseits hatten sie ja die Rechnung. Oder hatten Tom und Herkules sie zu oft angefasst und die Abdrücke des Täters überdeckt?

Das Klingeln seines Handys riss ihn aus seinen Gedanken. Es war Frau Prima. »Hallo, Herkules, hier ist Mutti. Ich bin unterwegs. Wir sehen uns gleich.«

Sie hielt Wort. Genau fünf Minuten später läutete es. Ehe der Handwerker sich wundern konnte, warum »Mutti« keinen Schlüssel hatte, drückte Herkules den Summer und öffnete die Tür. Jemand rannte die Treppe herauf. Tom legte seinen Arm auf Herkules‘ Schulter, wartete kurz und schob ihn dann so ruckartig auf den Hausflur, dass Herkules fast gestolpert wäre. Schon stürmten Peter Studemann und ein weiterer Polizist in die Wohnung und drängten sich zwischen den Handwerker und die Brüder.

»Polizei!«, rief Herr Studemann. »Wir haben einen Notruf erhalten. Willst du uns erklären, worum es geht, Herkules?«

Aufgeregt folgte Herkules ihnen ins Wohnzimmer und schilderte, wie ihre Mutter den Dachdecker bestellt und sich der Preis vervierfacht und der Mann gedroht hatte, alles wieder abzubauen, wenn sie ihn nicht bezahlten.

Tom gab Herrn Studemann die Rechnung. »Der Komplize ist schon weg.«

»Um den kümmern sich gerade die Kollegen, die unten geblieben sind«, antwortete Herr Studemann und las aufmerksam die Rechnung. »Siebenundzwanzig Prozent Umsatzsteuer? Und so viele Zuschläge? Sehr fantasievoll. Ich fasse zusammen: Drei Vorwürfe stehen im Raum – Betrug, Wucher und Erpressung. Ich denke, das klären wir auf dem Revier.« Er nickte dem anderen Polizisten zu. Der belehrte den Handwerker, dass er als Beschuldigter das Recht hatte zu schweigen, und führte ihn ab.

Gleich danach betrat Frau Prima die Wohnung. »Ich weiß, Corona, ich sollte nicht hereinkommen, aber ich muss mich davon überzeugen, dass es euch gut geht.«

Anerkennend klopfte Herr Studemann Herkules auf die Schulter. »Ich merke, du hast gut aufgepasst, als ich dir neulich von der Schlüsseldienstabzocke erzählt habe. Du solltest dir wirklich überlegen, dich eines Tages bei der Polizei zu bewerben.«

Auch Tom war beeindruckt. »Ich kann nicht glauben, wie cool du geblieben bist, kleiner Bruder.«

»Was ist mit dem Dach?«, fragte Frau Prima. »Haben die Typen wenigstens vernünftige Arbeit geleistet?«

»Das bezweifle ich«, meinte Herr Studemann. »Erfahrungsgemäß liefern diese Betrüger nur Pfusch ab.«

Zu viert gingen sie auf den Balkon und reckten die Hälse. »Sieht so aus, als wäre es halbwegs dicht. Für diese Nacht müsste es halten«, befand Frau Prima. »Morgen sehen wir weiter.«

Es war spät geworden. Frau Prima und Herr Studemann verabschiedeten sich. Herkules rief seine Mutter an, während Tom die Pizza in den Ofen schob und den Tisch deckte. »Oh, mein Gott!«, sagte sie immer wieder. Sie war so aufgelöst, dass sie sogar in Erwägung zog, Herkules' Vater anzurufen und zu bitten, sich um seine Söhne zu kümmern. Nur mit Mühe gelang es Herkules, sie davon zu überzeugen, dass er und Tom zurechtkamen und genügend Helfer hatten.

»Okay«, sagte sie schließlich. »Aber versprich mir, dass ihr sofort anruft, wenn das Dach wieder undicht ist oder irgendetwas anderes passiert.«

Kaum hatte Herkules aufgelegt, klopfte es. »Willkommen am Geisterbahnhof Dachgeschoss«, begrüßte Tom Didini und ließ sie durch die Balkontür herein. Herkules holte einen dritten Teller.

Didini schien Geschmack an Toms Kochkünsten gefunden zu haben. Sie setzte sich an den Esstisch und schob sich genüsslich das Pizzadrittel, das Tom ihr abgeschnitten hatte, in den Mund. »Mhhhhm, ist das lecker«, schwärmte sie und lehnte sich zurück.

»Was machen unser Krawallbruder und seine Terrorschwester?«, erkundigte sich Tom.

»Keine Ahnung, ich bin ihnen aus dem Weg gegangen. Die sollen sich schön beruhigen«, antwortete Didini und räkelte sich. »Das ist wirklich nicht mein Problem. Ich esse Pizza.«

»Wenn du sie triffst, dann richte ihnen aus, sie sollen woanders gewittern«, sagte Herkules. »Sie haben uns schon genug Ärger gemacht.«

Tom pflichtete ihm bei. »Stimmt. Nur weil die beiden einen Dachschaden haben, haben wir jetzt auch einen.«

»Wie bitte?« Ruckartig richtete Didini sich auf.

In wenigen Sätzen beschrieb Herkules, was vorgefallen war.

Didinis Löwenschwanz peitschte heftig und hätte fast ein Bild von der Wand gefegt. »Das geht zu weit«, fauchte sie. »Ich kümmere mich darum.« Sie stand auf, ging zur Balkontür, zog ihren Teppich aus einer der unzähligen Taschen ihres Kleides und flog los. »Vielen Dank für das Abendessen!«

VIII. Didini greift durch

Am folgenden Vormittag kämpfte Herkules stundenlang mit den Schulaufgaben. Fast wünschte er sich die herrische Stimme seines Laptops zurück, dann hätte er weniger getrödelt. So aber musste er alleine klarkommen. Trotzdem wurde er irgendwann fertig.

»Mama hat angerufen und gesagt, dass sie den Hausmeister immer noch nicht erreicht hat«, rief Tom aus dem Wohnzimmer. »Oho, wir haben Besuch! Deine Freunde beehren uns.«

Neugierig ging Herkules hinüber. Didini segelte durch die offene Balkontür und sprang vom Teppich. »Ihr bleibt, wo ihr seid!«, herrschte sie Jonathan und Bettine an, die beide auf dem Teppich saßen und sich nicht rührten. Nur Bettines Haare, die in alle Richtungen abstanden, bewegten sich leicht, sodass die Glöckchen an den Enden der Strähnen leise klirrten. Es war offensichtlich, dass die Geschwister sich äußerst unbehaglich fühlten. Zum ersten Mal fiel Herkules auf, wie ähnlich sich die beiden waren. Zwar schimmerte Jonathan blassgrün, Bettine dagegen leuchtete kunterbunt. Doch beide hatten dieselbe Art, ihre Hände in den Ärmeln zu verstecken und verlegen den Blick abzuwenden.

»Ich habe unseren beiden Streithammeln gesagt, dass es reicht«, begann Didini mit donnernder Stimme. »Mittlerweile geistern sie schon mehrere hundert Jahre durch die Weltgeschichte, da könnte man meinen, dass sie gelernt haben, Probleme zu klären, ohne fremden Leuten das Dach aufzureißen. Sie hatten jetzt eine Nacht Zeit, sich in Ruhe zu überlegen, wie sie erwachsen werden.« Sie wandte sich an Jonathan und seine Schwester. »Was habt ihr uns zu sagen?«

Noch nie war ihm Didini so gewaltig erschienen. Herkules ahnte, dass sie viel mehr Magie beherrschte, als sie sich normalerweise anmerken ließ.

Bettines Glöckchen verstummten. Jonathan spielte mit den Teppichfransen.

Schließlich unterbrach Didini die Stille. »Den hochwohlgeborenen von Nobelnobels hat es die Sprache verschlagen? Das ist ja ganz was Neues!«

Bettine blickte auf. »Ich habe es wirklich nicht böse gemeint. Als ich ankam, war Jonathan so kühl, dass ich überlegte, gleich wieder abzureisen. Doch als wir von Toms und Herkules‘ Quarantäne erfuhren, haben wir die Fontäne verzaubert, um ihnen eine Freude zu machen. Da dachte ich, wir hätten ein gemeinsames Ziel.«

»Du hast die Fontäne verzaubert, nicht ich!«, widersprach Jonathan. »Meine schlichte Fontäne war wie immer nicht gut genug, da musstest du dich wieder in den Vordergrund drängen und einen Piraten daraus machen.«

»Ach ja?« Bettine schien etwas erwidern zu wollen. Stattdessen atmete sie tief durch. »Ich wollte nur etwas mit dir zusammen unternehmen. Es ist so schwer, es dir recht zu machen. Dann trafen wir Larissa Prima, und die erzählte, dass Herkules sich nicht auf die Schule konzentrieren konnte. Und Didini sagte, dass es bei ihm aussieht wie bei Hempels unterm Sofa. Also habe ich mir gedacht, ich zeige dir, wie wichtig du mir bist, indem ich deinen Freunden helfe.«

Jonathan sprang auf. »Und warum hast du mir nichts davon gesagt? Du wolltest schon immer haben, was ich habe. Wie damals, als Papa mir meine erste Rasselkette schenkte und du ein Heidentheater veranstaltet hast, weil du keine bekamst. Dabei bin ich dreißig Spukjahre älter als du!«

Bettine sauste zur Decke. »Ich habe auch nach hundertfünfzig Spukjahren keine Rasselkette bekommen! Dir wurde so viel in deinen fadgrünen Geisterhintern geschoben, dass du nie gelernt hast, etwas alleine auf die Beine zu stellen. Ich dagegen musste mir alles hart erarbeiten. Und jetzt wird der Herr ganz grün vor Neid, weil er nicht mit mir mithalten kann!«

»Immerhin habe ich Freunde und eine Frau. Du hast ja so verbissen gearbeitet, dass du gar nicht mehr weißt, wie man lacht. Dauernd zauberst du, weil du sonst nichts kannst. Warum reitest du nicht gleich auf einem Besen? Du hast keine eigenen Freunde und willst mir meine ausspannen. Deswegen hast du ausgenutzt, dass ich nicht in die Wohnung konnte, und dich hinterrücks hier eingeschlichen!«

»Das ist nicht wahr, du aufgeblasener Einfaltspinsel! Ich habe Freunde, Geister wie Menschen. Du fragst nur nie nach ihnen, weil du es ablehnst, wie ich lebe.« Bettines Glöckchen schrillten und übertönten alles. Mit einem Schnipsen brachte Bettine sie zum Verstummen und fuhr mit ruhiger Stimme fort: »Es sollte eine Überraschung werden, lieber Jonathan. Außerdem wollte ich dir ein paar Tage lang aus dem Weg gehen. Es war ja nicht zu übersehen, dass dir meine Anwesenheit nicht behagte.«

»Eine wunderbare Überraschung, liebe Bettine«, erwiderte Jonathan spitz.

»So kommen wir nicht weiter«, mischte sich Didini ein. »Habt ihr Herkules und Tom etwas zu sagen?«

Bettine schwebte von der Decke auf Tischhöhe. »Es tut mir wirklich leid, dass ihr euch das hier anhören musstet und dass wir euer Dach kaputtgemacht haben«, sagte sie. »Nachdem ich tagelang meinen Groll hinuntergeschluckt hatte, bin ich ausgerastet.«

»Tagelang?«, fragte Didini. »Eher jahrhundertelang.«

Jonathan räusperte sich. »Auch ich möchte um Verzeihung bitten.«

Am liebsten wäre Herkules woanders gewesen. Er hasste es, wenn jemand ihn in einen Streit hineinzog. »Ist schon okay«, antwortete er.

»Tom?«, fragte Jonathan nervös.

»Solange es heute Nacht nicht regnet, sind wir quitt«, grummelte Tomputer.

Jonathan und Bettine wirkten erleichtert. Doch Didini stemmte die Hände in die Hüften. »So leicht kommt ihr mir nicht davon. Ihr müsst Wiedergutmachung leisten. Vorschläge?«

»Wir könnten sichergehen, dass das Dach dicht ist, indem wir es neu decken«, sagte Bettine.

»Und wir prüfen, ob die umliegenden Dächer auch sicher sind«, fügte Jonathan hinzu.

Nachdenklich kaute Didini auf ihrer Unterlippe. »Das ist ein Anfang«, sagte sie dann. »Was noch?«

Ratlos blickte Bettine ihren Bruder an. »Es sind deine Freunde. Du kennst sie besser.«

Angestrengt zog Jonathan an seinem Schnurrbart. Nach einer Weile klatschte er in die Hände. »Ich hätte da eine fantastische Idee. Wenn Bettines Zauberkünste ausreichen, könnte es gehen. Mehr möchte ich nicht verraten.«

»Ich bin dabei«, sagte Bettine schnell.

»Gut«, entschied Didini. »Ihr habt ein gemeinsames Projekt und ich hoffe, dass das nicht gleich wieder in Streit ausartet. Übrigens war ich so frei, für euch einen Termin bei der magischen Familienberatung zu vereinbaren. Heute um Mitternacht ist die Sprechstunde. Bis dahin könnt ihr euch nützlich machen. Am besten fangt ihr gleich damit an, das Dach zu reparieren. Danach brechen wir auf.«

»Darf ich mich kurz in der Wohnung umschauen?«, bat Jonathan kleinlaut. »Ich bin der Einzige, der das Heim unserer Freunde nicht kennt.«

Auch Bettine wandte sich an Didini. »Bitte lass ihn, ich kann doch allein mit dem Dach anfangen.«

Fragend sah Didini Herkules an. »Darf er?«

»Natürlich«, antwortete Herkules. »Wie kommt es eigentlich, dass er sein Spukgebiet verlassen durfte?«

»Ich habe einen Gutschein für Grenzüberschreitungen eingelöst, den wir von meiner Tante Vermicula zu unserer Hochzeit bekommen haben. Der gilt für eine Stunde.« Didini schüttelte den Kopf. »Eine Stunde, so was Geiziges. Zu Tante Vermiculas Hochzeit haben meine Eltern ihr zwei Wochen geschenkt.«

»Zeigst du mir jetzt dein Zimmer, Herkules?« Jonathan wippte von einem Fuß zum anderen. »Übrigens ist die Wohnung sehr aufgeräumt. Die Berichte meiner Frau und meiner Schwester von dem angeblichen Schweinestall erscheinen mir reichlich übertrieben.«

Herkules unterdrückte ein Grinsen und wies Jonathan den Weg. Als der Geist an ihm vorbeigeschwebt war, drehte Herkules sich kurz um und sah Bettine in die Augen. »Danke für die Hilfe am Wochenende«, flüsterte er. Bettine lächelte und verflüchtigte sich nach draußen aufs Dach.

Hingerissen jagte Jonathan durch die Wohnung. Als er die Kiste mit Steckbausteinen unter Herkules' Bett entdeckte, sauste er hinein und wühlte so lange darin herum, bis er unter dem Haufen bunter Steine nicht mehr zu sehen war.

»Offensichtlich buddelt auch ein Jonathan von Nobelnobel gerne«, sagte Tom trocken.

Jonathan steckte den Kopf heraus. »Das habe ich gehört. Ein von Nobelnobel buddelt nicht. Ich wühle. Das ist etwas ganz anderes. Etwas Himmlisches.«

Von oben hämmerte es.

»Ich glaube, ich sollte meiner Schwester zur Hand gehen«, erklärte der Geist und schwebte gut gelaunt nach draußen.

Herkules vermutete, dass Jonathan keine Ahnung hatte, wie man mit Magie ein Dach reparierte, und hoffte, dass Bettine das ihrem Bruder nicht aufs Brot schmierte.

IX. Heimkehr

Die folgenden Tage verliefen ruhig. Das Dach war dicht und, soweit Herkules sehen konnte, tadellos gedeckt, nachdem die drei Geister abgezogen waren. Ihre Mutter musste dem Hausmeister also nicht länger hinterhertelefonieren.

Die Schulaufgaben nervten, aber Herkules kam voran, da Bettine täglich eine Stunde lang vorbeischaute und ihm und Tomputer auf die Sprünge half. Ihr Tonfall war viel freundlicher als ihre Laptopkommandostimme. Trotzdem war sie unerbittlich, wenn Herkules meinte, eine Zusatzaufgabe zu machen sei überflüssig, weil das ja nur freiwillig sei. Und außer Milan löste niemand freiwillig mehr Matheaufgaben als nötig. »Faule Ausrede«, erwiderte Bettine und ließ die Reste des großen Schokoladenhasen über dem Klo schweben. »Entweder bearbeitest du alle Matheaufgaben oder Hasi lernt schwimmen.«

Endlich kam der Tag, an dem ihre Mutter wieder zu Hause einzog. Sie sah erschreckend blass und dünn aus, fand Herkules. Er und Tom hatten stundenlang die Wohnung aufgeräumt und Vorräte eingekauft. Vom Treppensteigen völlig außer Atem, stand ihre Mutter im Wohnungsflur und drückte beide Jungs an sich, als wollte sie sie nie wieder loslassen. Schließlich trat sie einen Schritt zurück, betrachtete schnaufend und mit feuchten Augen ihre Söhne und ging durch die Wohnung. Im Wohnzimmer hing ein Pappschild, das Herkules gemalt hatte: »Willkommen zu Hause«. Tom hatte auf einer Wiese ein paar Gänseblümchen gepflückt und in ein Wasserglas gestellt.

Zu Herkules' Erschrecken ließ seine Mutter sich aufs Sofa fallen und weinte. »Keine Angst«, sagte sie und wischte sich die Tränen aus den Augen. »Ich weine vor Glück. Ich bin so unendlich froh, euch wiederzusehen.«

Herkules brauchte eine Weile, sich daran zu gewöhnen, dass seine Mutter rund um die Uhr zu Hause war und ab und zu in sein Zimmer kam. Sie war noch krankgeschrieben und schlief viel. Fühlte sie sich ausgeruht, wollte sie plötzlich wissen, was er für die Schule tun musste. Es nervte ein bisschen, hatte sie doch wochenlang keine Ahnung gehabt, womit er sich herumschlug. Nach und nach aber pendelte sich ein Tagesrhythmus aus Hausaufgaben, Mahlzeiten, kurzen Spaziergängen, Einkäufen, gemeinsamen Spielen und abendlichem Fernsehen ein.

Eines Nachts wurde Herkules von einem Zischen auf dem Balkon wach. Didini? Bettine? Er schlich ins Wohnzimmer und sah hinaus. Nichts. Enttäuscht kroch er zurück ins Bett. Er war hellwach. Am liebsten hätte er Milan angerufen, doch der schlief todsicher. Milan hatte die beneidenswerte Gabe, sofort einzuschlafen, wenn er sich hinlegte. Herkules erging es da ganz anders. Er war Profi im Nachts-wach-Liegen.

Durch das Dachfenster betrachtete er den Sternenhimmel und seufzte. So viele Menschen und Geister hatten sich um ihn gekümmert. Seine Mutter war wieder da und hatte endlich Zeit für ihn. Er hatte einen Bruder, auf den er sich verlassen konnte. Und richtig gute Freunde.

Doch genau die fehlten ihm: Paula, Milan und Bobbie. Telefonieren oder Nachrichten schicken war ja schön und gut. Aber einmal wieder richtig zusammen etwas unternehmen, ins Kino gehen, schwimmen, Rad fahren, zusammen an der Spielkonsole sitzen, Fußball spielen – er würde fünfzig Mathezusatzaufgaben lösen, wenn er das nur dürfte.

Leider war ein Treffen nicht in Sicht. Bobbie musste aufpassen, weil seine Mutter gerade erst ihre schwere Krankheit überstanden hatte und sich auf keinen Fall mit dem Coronavirus anstecken durfte. Paula galt als Risikofall, weil bei ihr keine Medikamente wirkten. Milan hielt sich sowieso an die Regeln und die besagten, dass private Treffen verboten waren.

Immerhin zählten Geister zu Herkules‘ Freundeskreis. So gesehen war sein Leben weitaus bunter als das der meisten Menschen.

X. Das Beste zum Schluss

»Kann einer von euch bitte die Balkontür öffnen? Ich glaube, wir haben Besuch«, rief Herkules' Mutter aus dem Badezimmer. Es war Freitagabend, die Sonne ging unter und jemand klopfte gegen die Scheibe.

Herkules lief in Boxershorts ins Wohnzimmer und zog sich dabei hastig Hose und T-Shirt an.

»Wir sollten auf dem Balkon eine Klingel installieren«, murmelte Tom, der auf dem Sofa lümmelte und sich die Kopfhörer aus den Ohren zog, ohne den Blick von seinem Handy abzuwenden.

Ehe Herkules die Balkontür erreichte, öffnete sie sich von selbst.

»Ich war so frei, euch die Mühe zu ersparen«, sagte Bettine halb entschuldigend.

Neben ihr hampelte Jonathan und grinste von einem Schnurrbartende zum anderen. »Unser Entschuldigungsgeschenk ist fertig.«

Neugierig blickte Herkules an ihnen vorbei. Wo war es?

»Es hat ein bisschen länger gedauert, weil eure Mutter wieder zu Hause ist und wir auch für sie etwas haben wollten«, sagte Bettine.

Jonathan sah aus, als würde er jeden Moment vor Ungeduld platzen. »Komm schon, Bettine, gib es ihnen!«

»Ich glaube, das solltest du tun. Es war schließlich deine Idee, Jonathan.«

»Na ja, liebe Bettine, gezaubert hast du. Ganz ehrlich, so etwas

Kompliziertes bekommen die wenigsten Geister hin, ich schon gar nicht.«

»Du vergisst, lieber Bruder, dass ich zwar wirklich außerordentlich gut zaubern kann. Das Entscheidende jedoch hat mir gefehlt: die Idee. Wenn man so diszipliniert ist wie ich, bleibt manchmal die Fantasie auf der Strecke.«

»Offensichtlich hat die Geisterfamilienberatung geholfen«, dachte Herkules und streifte sich einen Kapuzenpullover über den Kopf.

»Schön, dass ihr euch nicht länger an die Gurgel geht«, sagte Tom und legte das Handy beiseite. »Aber es wäre nett, wenn ihr meinen kleinen Bruder nicht länger auf die Folter spannt. Er hat sich vor lauter Aufregung den Hoodie falsch herum angezogen.«

Bettine lachte und ließ die Kapuze, die vor Herkules' Brust hing, nach oben über sein Gesicht klappen und wieder fallen.

Schnell zog Herkules den Pullover aus und richtig herum an.

»Fehlen nur noch Socken, Schuhe und eine Jacke«, stellte Jonathan fest. »Am besten zieht sich jeder etwas Warmes an, ehe wir nach draußen gehen. Bei Dunkelheit wird es ziemlich frisch. Und holt eure Mutter dazu.«

Als alle fertig waren und auf dem Balkon standen, schloss Bettine die Tür und drückte ihrem Bruder etwas in die Hand. Jonathan räusperte sich. »Liebe Freunde«, begann er, »es ist schon viel zu lange her, dass ihr Milan, Paula und Bobbie gesehen habt. Dabei brauchen Kinder Kinder.«

»Ich bin siebzehn, kein Kind«, murmelte Tom.

Unbeirrt fuhr der Geist fort: »Bettine und ich haben einen Weg gefunden, euch zusammenzubringen und etwas Spaß haben zu lassen, ohne dass ihr euch zu nahe kommt. Es ist ein sehr großer Zauber, aber wir haben genug Magie für ein paar Stunden. Fangen wir mit dir an, lieber Herkules!«

Er zog ein kleines kariertes Taschentuch hervor und schüttelte es. Nebelartig stieg aus dem Tuch ein silberner, leicht durchsichtiger Tretroller, wurde immer fester und schwebte direkt vor Herkules. Nach kurzem Zögern ergriff Herkules ihn am Lenker, setzte einen Fuß darauf und stieß sich ab. Schon schoss er durch die Luft. Es war ganz einfach. Je nachdem, ob er sich nach vorne oder hinten lehnte, fuhr er hoch oder runter. Mit dem Lenker bestimmte er, ob es nach rechts oder links ging, und die Geschwindigkeit hing davon ab, wie kräftig er trat.

Begeistert jagte Herkules zum Fluss, drehte einen hohen Looping, stürzte danach fast senkrecht nach unten und riss, kurz bevor er die Wasseroberfläche berührte, den Lenker hoch. Nach einem weiteren Looping kehrte er zum Balkon zurück und blieb zwei Meter über den anderen in der Luft stehen.

»Wow!«, rief Tomputer.

Herkules blickte hinab. Schon zückte Jonathan ein gestreiftes Tuch und ließ daraus ein fliegendes Bett steigen. »Für dich, liebste Eva«, sagte der Geist zu Herkules‘ Mutter. »Ich denke, es ist deiner Genesung dienlich, wenn du dich nicht überanstrengst.« Herkules‘ Mutter setzte sich ins Bett, während Jonathan mehrere Kissen hinter ihrem Rücken stapelte.

Bettine drückte ihr ein Lenkrad in die Hand. »Einfach nach links oder rechts drehen und nach oben ziehen oder unten drücken«, erklärte sie.

»Und wie bremse ich?«, fragte Herkules‘ Mutter.

Bettine lächelte. »Gar nicht. Das entscheidet das Bett. Man nennt das teilautonomes Fliegen.«

Im nächsten Moment schoss das Bett an Herkules vorbei und kreiste ein paar Meter über ihm.

»Nun zu dir, Tom«, rief Jonathan. »Wenn du wirklich glaubst, mit deinen lächerlichen siebzehn Jahren kein Kind mehr zu sein, verpasst du eine Menge Spaß. Denn was ich für dich habe, ist definitiv für Kinder. Vor allem für große Kinder.«

Aus einem gepunkteten Taschentuch entwich ein goldenes Dreirad. Es war groß und hatte eine nach hinten gestellte Lehne mit Polster. Tom zögerte kurz, dann hielt ihn nichts mehr, und er schwang sich auf den Sitz und trat in die Pedale. Mit dem Klang von Motorengeheul sauste er davon, bis er nicht mehr zu sehen war und nur noch Dampfschwaden erahnen ließen, welche Richtung er eingeschlagen hatte. Sekunden später war er zurück. »Der totale Wahnsinn«, keuchte er. Seine Augen leuchteten.

Bedauernd schüttelte Bettine den Kopf. »Ich schalte den Ton lieber ab, sonst wecken wir die ganze Nachbarschaft.«

Tom machte das offenbar wenig aus, im nächsten Augenblick fuhr er senkrecht nach oben und kam im weiten Bogen – umgeben von einer Dampfwolke – zurück.

Jonathan wühlte in seinen Rocktaschen. »Fliegt schon mal vor! Bettine und ich kommen nach. Wir treffen uns in der Bucht an der Eisenbahnbrücke.«

Tom ließ sich das nicht zweimal sagen, und seine Mutter folgte ihm. Herkules wollte ihnen gerade nachjagen, da hörte er ein Klirren.

»Was machst du da?«, fragte Bettine.

»Du bekommst auch ein Geschenk, liebe Schwester. Kein gezaubertes, aber trotzdem ein gutes«, erwiderte Jonathan. Der Geist entdeckte Herkules. »Worauf wartest du, mein Freund? Wir holen dich ein. Ich muss noch kurz eine familiäre Angelegenheit besprechen.«

Herkules legte los. Es war fast dunkel, nur im Westen leuchtete der Himmel am Horizont tiefrot. Über der Eisenbahnbrücke kreiste Milan in einer fliegenden Untertasse mit offenem Dach. Frau Prima lenkte einen kleinen blauen Rennwagen, der Herkules stark an ein Spielzeugauto aus Milans Sammlung erinnerte. Paula ritt ein schwarzes Geisterpferd, dessen Hufe Funken schlugen, und winkte. »Didini wird auch gleich hier sein, sie holt gerade Bobbie ab.«

Kaum hatte Paula ihren Satz beendet, erschien Didini auf ihrem Teppich. Hinter ihr tauchte Bobbie auf. Er steuerte ein überdimensionales rotes Rutschauto. »Ich habe ein Bobbie-Car!«, brüllte er.

»Wo bleiben Bettine und Jonathan?«, fragte Milan und sauste im Looping unter der Brücke hindurch.

»Hier!« Bettine überholte ihn. Sie ritt auf einem gigantischen Besen, aus dem Flammen sprühten.

Mit der Dunkelheit war der Mond sichtbar geworden und schien als schmale Sichel. Plötzlich schob sich ein Schatten davor und eine Stimme donnerte: »Vorwärts, ihr Süßwassermatrosen! Macht Platz für die Wotanic!« Jonathan stand an Deck eines fliegenden Dreimasters. Sein Schnurrbart wehte im Wind. »Auf zu neuen Ufern!«

Stundenlang jagten sie den Fluss auf und ab, lieferten sich Wettrennen und brachten sich bei, längere Strecken kopfüber zurückzulegen. Irgendwann schlief Herkules‘ Mutter ein, und das Bett brachte sie zurück in ihre Wohnung, während die anderen weitertobten. Herkules‘ Roller war zwar das kleinste Gefährt, aber auch das wendigste. Er konnte sogar rückwärtsfahren, wenn er in die andere Richtung trat. Es war ein einziger Rausch. Viel zu schnell ging es auf Mitternacht zu.

»Mehr, mehr!«, schrie Bobbie, als Jonathan verkündete, dass es Zeit sei, nach Hause zu fliegen.

»Tut mir leid, mein Kleiner«, entgegnete Didini, »aber ich habe beim Schlaf eurer Eltern etwas nachgeholfen, damit sie euch nicht vermissen. Der Zauber wirkt nicht mehr lange, also ab nach Hause! Larissa, am besten kommst du mit uns mit. Ich bringe dich heim, sobald Bobbie in seinem Bett liegt.«

»Wenn ich Milan und Paula abgesetzt habe, kehre ich zur Schule zurück«, ließ Bettine ihren Bruder wissen, wobei sie das »kehre« betonte und auf ihren Besen klopfte.

Jonathan flog mit Herkules und Tom, wobei Tomputer vorneweg auf seinem Dreirad im Zickzack fuhr und Herkules neben dem Dreimaster blieb.

»Kannst du jetzt immer zu uns kommen?«, fragte Herkules, als sie sich vom Fluss entfernten und über seinem Haus schwebten.

Jonathan schüttelte den Kopf. »Bedauerlicherweise nicht. Eine Spukfläche zweimal in einem Jahrhundert zu verändern, ist so gut wie unmöglich. Ich habe nur noch ein paar Minuten von Tante Vermiculas Gutschein, um euch zurückzubringen.«

Schade, fand Herkules. Irgendwie war es unfair, dass Didini, Bettine und Urano ihn besuchen konnten, nur Jonathan nicht.

Jonathan warf den Anker.

»Was ist das?«, rief Herkules und deutete auf zwei silbrige Striche auf dem Boden seines Balkons.

In Windeseile seilte Jonathan sich an einem Schiffstau ab. Er überholte dabei Tom, der gerade zur Landung ansetzte. »Das sind Schienen!«, jubelte der Geist. »Straßenbahnschienen! Das heißt, ich kann euch doch jederzeit einen Besuch abstatten!«

Beim Näherkommen erkannte Herkules, dass die Schienen leicht grünlich flackerten. »Sind die von dir, Jonathan?«

»Nein«, antwortete der und wischte sich eine Träne aus dem Augenwinkel, während Tomputer neben ihm abstieg, dicht gefolgt von Herkules.

Tom betrachtete das glänzende Metall zu seinen Füßen. »Ich sage es doch, bei uns geht es zu wie auf einem Bahnhof.«

Herkules kniete sich hin und fuhr mit dem Zeigefinger über die glatte, glänzende Oberfläche. »Meinst du, das war Bettine?«

»Natürlich.« In Jonathans Stimme schwang Stolz. »Ich wüsste keinen anderen Geist, der es schaffen würde, so mir nichts, dir nichts ein Spukgebiet zu erweitern, indem er oder sie magische Schienen verlegt. So was kann nur eine von Nobelnobel!«

Herkules erinnerte sich an die Nacht, in der ihn ein Geräusch geweckt hatte. »Warum sind uns die Schienen nicht schon früher aufgefallen? Zum Beispiel vorhin, als ihr uns abgeholt habt?«

Jonathan wedelte mit den Taschentüchern, bis Tretroller, Dreirad und Wotanic darin verschwanden. »Ich vermute, man sieht sie nur bei Mondlicht. Das ist häufig so bei besonders kunstvollem Spuk.«

Herkules richtete sich auf. »Was hast du Bettine eigentlich gegeben, als wir anderen vorgeflogen sind?«

»Eine Rasselkette.«

»Eine Rasselkette?«, wiederholte Tom. »Was macht man damit?«

»Angeblich kann man damit noch mächtiger spuken. Ich habe es nie herausgefunden. Meine Verwandten haben mir insgesamt sechs geschenkt, ohne dass ich auch nur mit einer etwas anfangen konnte. Da ich bis vor Kurzem nicht wusste, dass meine Schwester nie eine bekommen hat, habe ich ihr die wertvollste gegeben: die berüchtigte Rasselkette des Wotan von Nobelnobel.«

Beeindruckt fragte Herkules sich, ob er seinem Bruder gegenüber auch so großzügig gewesen wäre, zum Beispiel, wenn es darum gegangen wäre, Tom den ganzen Schatz ihrer Urgroßmutter Waltraud zu überlassen. »Ich bin gespannt, was Bettine mit der Rasselkette macht«, überlegte er laut.

»Ich auch«, sagte der Geist und sah zum Horizont. »Aber ich bin mir sicher, wir werden es bald erfahren.« Über Jonathans Gesicht legte sich ein breites Grinsen. »Und dann Gnade uns Süßwassermatrosen!«

Geisterfreunde in wilden Zeiten

I. Die Prophezeiung

Herkules kuschelte sich in seine Decke und starrte in den Nachthimmel. Die Sterne leuchteten nicht annähernd so hell wie in Cantolina, trotzdem gab es viel zu sehen: Satelliten, den Großen Wagen, den Polarstern, die Kassiopeia – manche nannten sie das »Himmels-W« – und das Siebengestirn. Orion fehlte, den sah man im Winter. Jetzt war Hochsommer, und das war der Grund, warum ihm seine Mutter erlaubt hatte, auf dem Balkon zu schlafen statt in der stickigen Wohnung, wo es so heiß war, dass er in den vergangenen Nächten nur wenig Schlaf gefunden hatte.

Eine leichte Brise wehte über sein Gesicht. Herkules schnupperte. Es roch nach Sommer. Nach Gras. Nach Blumen. Nach Rasierwasser. Rasierwasser?

Er setzte sich auf und sah sich um. Der Balkon war leer. Auch der Geruch nach Aftershave war weg. Hatte Herkules sich das nur eingebildet? Und doch war da das Gefühl, beobachtet zu werden. Sollte er zurück in sein Zimmer gehen? Nein, Tom hatte gemeint, dass er es nachts keine Stunde allein auf dem Balkon aushalten würde, und Herkules hatte dagegen gewettet. Wenn er jetzt aufgab, musste er eine Woche lang den Müll runtertragen. Ihm blieb nur eines: Augen zu und durch! Entschlossen legte er sich hin, drehte sich auf die Seite und zog die Decke bis zum Ohr. Muskeln entspannen und atmen. Tief einatmen. Tief ausatmen. Einatmen. Ausatmen.

»Sieh nur, Didini, jetzt schläft der Kleine sanft und selig!«

»Nicht so laut, Tante Hasra, sonst weckst du ihn!«

Herkules rührte sich nicht. Er erkannte Didinis Stimme. Doch wer war Tante Hasra? War er ihr auf Jonathans und Didinis Hochzeit begegnet? Damals hatten so viele Geister mitgefeiert, dass er sich nicht alle Namen und Gesichter hatte merken können.

Wieder roch er Rasierwasser, diesmal stach es geradezu in seiner Nase. Auch lag ein Hauch von Schwefel in der Luft. Schlagartig erinnerte er sich. Sumpftante Hasra! Sie war *das* Schreckgespenst schlechthin. Ständig erzählte sie von Visionen und kommenden Katastrophen. Allen Hochzeitsgästen und dem Brautpaar hatte sie grauenhafte Dinge vorausgesagt. Jonathan hatte sie gleich nach der Trauung prophezeit, dass er sich binnen eines Jahres scheiden lassen werde, um einen Gullydeckel zu heiraten. Didini hatte sie geweissagt, dass sie vor Kummer ihren Verstand verlieren und mit einer Unterhose auf dem Kopf schreiend durch die Straßen rennen werde. Frau Prima werde achtundzwanzig Kinder gebären, hatte sie behauptet, und jedes Kind werde vor seinem zehnten Geburtstag eine Tankstelle ausrauben.

Nein, ein weiteres Horrorszenario konnte Herkules nicht gebrauchen. Sein Leben war mühsam genug. Sollten die beiden Geister doch glauben, dass er schlief!

»Lass uns zurück zur Schule fliegen«, hörte er Didini sagen.

»Nur noch einen Augenblick, Liebes. Mein drittes Auge zwinkert wie verrückt. Ich spüre eine gewaltige Vision. Sie betrifft diesen kleinen Menschen. Es ist von äußerster Wichtigkeit.«

»Oh, nein! Sollte er sich die Ohren zuhalten? Oder würde die verrückte Alte dann merken, dass er wach war, und erst richtig loslegen?«

Sumpftante Hasra ließ ihm keine Zeit, sich zu entscheiden, und verkündete laut und mit durchdringender Stimme: »Geister, Menschen, Sterne! Hört meine Worte und seid Zeugen! Das Schicksal hat eine wichtige Aufgabe für den Jungen mit dem reinen Herzen. Für den, der hier zu meinen Füßen liegt. Noch in diesem Sommer wird er eine Heldentat vollbringen. Wir werden ihn bejubeln, verehren und besingen. Bejubeln, verehren und besingen. Bejubeln, verehren und ...«

»Schon gut, schon gut, Tante Hasra!«, zischte Didini. »Du weckst noch das ganze Haus.« Nachdrücklich fügte sie hinzu: »Wir gehen!«

Es wurde still, wieder spürte Herkules eine sanfte Brise und der strenge Rasierwasserduft verflüchtigte sich. Nur Tante Hasras Worte klangen nach. Herkules blickte zu den Sternen. Plötzlich fröstelte es ihn. Schnell stand er auf, trug Decke und Kissen ins Wohnzimmer und zog hinter sich die Balkontür zu. Tom hatte gewonnen.

11. Keine Lust

»Herkules, warum hast du mir nicht gesagt, dass du Hilfe brauchst?«

Herkules lag mit dem Gesicht zur Wand auf seinem Bett und hoffte, dass seine Mutter sich in Luft auflösen würde. Natürlich tat sie das nicht, aber träumen war schließlich nicht verboten.

Sie setzte sich auf seine Bettkante. »Ich weiß, dass dein Leben seit Beginn der Pandemie nicht einfach ist.«

Da hatte sie recht. Auch wenn die Schulen seit einiger Zeit wieder geöffnet waren, verlief jede Woche anders. Es durfte immer nur die halbe Klasse zur Schule, also verbrachte er jede zweite Woche zu Hause mit Arbeitsblättern. Sobald ein Schüler positiv auf Corona getestet war, musste die ganze Klasse zu Hause bleiben. Manche Lehrer fehlten, weil sie alt oder nicht gesund genug waren, um sich dem Risiko einer Ansteckung auszusetzen. Mal gab es Vertretung, mal Extrahausaufgaben. Ja, Arbeit gab es immer, Belohnung eher selten. Keine Klassenfahrt, kein Schulfest, keinen Ausflug, nicht einmal vernünftigen Sportunterricht mit Ballspielen in der Halle.

»Hörst du mir zu, Herkules? Deine Französischlehrerin hat angerufen. Sie hat mir dringend geraten, dich zum Nachhilfeunterricht zu schicken, am besten gleich zu Beginn der großen Ferien.«

Erzähl mir etwas Neues, dachte Herkules. Schon am Vormittag hatte die Lehrerin ihn in der Schule beiseite genommen und ihm ein Institut namens »L.U.S.T.« empfohlen, das stand für »Lern- und Schul-Training«. Wer dachte sich so eine schwachsinnige Abkürzung aus? Man musste echt verzweifelt sein, wenn man freiwillig zu diesem Laden ging. Nein, Herkules hatte nicht vor, sich diese peinliche Veranstaltung anzutun und sich die Sommerferien zu verderben.

Seine Mutter ließ nicht locker. »Es bringt nichts, den Kopf in den Sand zu stecken. Oder willst du lieber die Klasse wiederholen? Gibt es noch mehr, was ich nicht weiß? Ich meine es ernst, wir können das mal in Gedanken durchspielen.«

Herkules erschrak. Schule ohne Milan und Paula? Ganz bestimmt nicht.

»Nein«, antwortete er. Okay, er war verzweifelt genug. »Melde mich an. Sie hat dir bestimmt schon diesen L.U.S.T.-Laden genannt.«

»Hat sie. Und jetzt bring bitte endlich den Müll runter. Er quillt über.«

Der Tag wurde nicht besser. Herkules holte den vollen gelben Sack, auf dem »Nur Verpackungsmüll!« stand, und trug ihn nach unten zu den Containern. Es stank entsetzlich. Schnell warf er den Sack hinein und wandte sich zum Gehen.

»Psst, Herkules, hast du einen Moment Zeit für mich?«

Herkules zuckte zusammen. Die Stimme hatte ihm direkt ins linke Ohr geflüstert.

»Ich bin es, Didini. Ich muss dich unbedingt sprechen, aber Tom und deine Mutter dürfen nichts davon mitbekommen. Deine Freunde auch nicht. Gibt es einen Ort, an dem wir ungestört sind?«

Herkules blickte in alle Richtungen.

»Du kannst mich nicht sehen. Ich bleibe vorerst unsichtbar. Es ist wirklich wichtig, dass kein Mensch unserem Gespräch lauscht.«

Seit wann wollte Didini, dass er seiner Mutter etwas verheimlichte? Das hatte sie noch nie verlangt.

Nach kurzem Zögern wies Herkules auf eine große alte Kastanie, deren Blätter nicht nur vor der Sonne, sondern auch vor Blicken aus der Dachgeschosswohnung und näheren Umgebung schützten. Er lief hin, zog sich an einem der Äste hoch und kletterte in die Krone. »Wo bist du?«, fragte er, als er mehrere Meter über dem Boden war.

»Hier«, antwortete Didini und wurde schwach sichtbar. Sie saß neben ihm und baumelte mit den Beinen. Ihr meterlanger Löwenschwanz kringelte sich um den Ast, auf dem sie saßen. »Sumpftante Hasra ist zu Besuch. Sie hatte wieder eine ihrer Visionen. Diesmal betrifft es dich.«

»Ich weiß. Neulich Nacht war sie nicht zu überhören. Was bedeutet das?«

Didinis Schwanzquaste machte eine wegwerfende Bewegung. »Gar nichts, meint Jonathan. Er glaubt, dass Sumpftante Hasra einfach nur zu viel Rasierwasser geschnüffelt hat. Schließlich ist noch keine ihrer Weissagungen in Erfüllung gegangen. Außer einer.«

»Außer einer?«, wiederholte Herkules.

»Ja, da hat sie Wotan von Nobelnobel prophezeit, dass er sich eines Tages von seiner gewalttätigen Seite zeigen werde. Er hat ihr sofort recht gegeben und sie geohrfeigt. Seither gehen die beiden sich aus dem Weg.«

Herkules kratzte sich am Kopf. »Und du? Was hältst du davon? Von der neuesten Weissagung?«

»Ich weiß es nicht. Normalerweise beschreibt Sumpftante Hasra Katastrophen. Zum ersten Mal will sie etwas Positives in

der Zukunft gesehen haben. Außerdem war sie neulich ganz anders als sonst. Sie glühte geradezu. Nach der Prophezeiung hat sie noch stundenlang gezittert. In der Geisterwelt wird heftig diskutiert, was das bedeutet und ob Tante Hasra diesmal vielleicht doch eine richtige Vision hatte. Einige haben sogar Wetten abgeschlossen. Hasras zwölf Sumpfschwestern haben darauf gesetzt, dass du eine große Tat vollbringen wirst. Wenn sie verlieren, müssen sie hundert Jahre lang das Deck der Wotanic schrubben.«

Wunderbar. Seine Mutter erwartete bessere Leistungen in Französisch und Teile der Geisterwelt eine Heldentat. Warum fragte eigentlich niemand, was *er* sich wünschte? Frustriert riss Herkules ein paar Blätter ab, die ihm ins Gesicht hingen.

Didini schwang die Beine höher und hielt sie ruckartig an. »Das ist noch nicht alles. Tante Hasra will, dass ich dir meinen Gutschein schenke, den ich bald zu meinem Spukjubiläum bekommen werde. Nur so werde sich dein Schicksal erfüllen. Ehrlich gesagt glaube ich nicht, dass das Teil ihrer Vision ist. Vermutlich will sie ein bisschen nachhelfen, damit sie am Ende nicht dumm dasteht. Aber Jonathan gefällt die Idee auch. Er meint, dass du und deine Freunde es in letzter Zeit schwer genug hatten und du etwas Abwechslung verdient hast. Da gebe ich ihm recht. Deswegen würde ich dir gerne den Gutschein schenken. Du kannst damit drei Stunden lang die Zeit anhalten.«

Herkules schwirrte der Kopf. Heldentat? Zeit anhalten? »Ich wüsste nicht, was ich damit anfangen soll. Ich habe sowieso schon mehr Zeit als genug. Was passiert, wenn mir nichts einfällt? Wenn ich nichts Heldenhaftes tue?«

Didini streichelte mit der Quaste ihres Schwanzes seinen Arm. »Keine Angst, Herkules, im schlimmsten Fall passiert gar nichts. Das wäre dann Tante Hasras Problem. Und doch bin ich mir sicher, dass etwas Gutes dabei herauskommt. Das spüre ich. Würdest du mir die Freude machen und den Gutschein annehmen?« Sie ergriff seine Hand.

Es war unmöglich, Nein zu sagen. »Okay«, sagte Herkules. »Was muss ich tun?«

»Vorerst nichts. Sobald ich den Gutschein habe, bekommst du ihn. Wichtig ist, dass du keinem Menschen davon erzählst. Sonst halbiert sich die geschenkte Zeit jedes Mal, wenn du einen Nichtgeist einweihst.«

III. Zeugnistag

Herkules rannte die Treppe hinauf, öffnete die Wohnungstür und warf seinen Rucksack in die nächstbeste Ecke. Endlich Ferien! Freiheit! Von Didini hatte er seit ihrem Gespräch auf dem Baum nichts gehört, und das war ihm sehr recht. Im Moment wollte er nichts anderes, als sich mit Milan und Paula treffen. Die Rettung der Welt konnte warten.

Er lief in sein Zimmer, um so schnell wie möglich sein Handy aufzuladen.

»Stopp!«, rief seine Mutter aus dem Wohnzimmer. »Wie oft habe ich dir gesagt, dass du dir die Hände waschen sollst, wenn du nach Hause kommst? Seit drei Monaten steht unser Leben wegen der Pandemie Kopf, und du schaffst es immer noch nicht, dich an die einfachsten Hygieneregeln zu halten.«

Herkules rollte mit den Augen und trottete ins Bad. Hände waschen, Abstand halten, Mund-Nasen-Schutz tragen – seit einer gefühlten Ewigkeit ging das so. Trotzdem hatte er es vor lauter Aufregung schon wieder vergessen. »Entschuldigung, kommt nicht mehr vor!«

Seine Mutter kam ins Bad und schnaubte. »Kommt nicht mehr vor? Schön wäre es.«

Er spülte die Seife ab und stellte den Wasserhahn aus.

»Das war zu kurz. Du weißt doch: So lange Hände waschen, wie es dauert, zweimal ›Happy-Birthday‹ zu singen.«

Genervt fing Herkules von vorne an. Die Frau behandelte ihn wie ein Kleinkind. Offensichtlich hatte sie schlechte Laune. War das ein Grund, ihm seine zu verderben? Je schneller er hier wegkam, desto besser. »Milan muss den Rasen mähen. Ich habe ihm versprochen, sofort loszufahren und ihm zu helfen.« Das entsprach nicht ganz der Wahrheit, Milan und er wollten zusammen mit Paula im Wald eine Hütte bauen. »Doch Not kennt kein Gebot«, pflegte seine Nachbarin Frau Rummel zu sagen. Und wenn seine Mutter mies gelaunt war, war es das Beste, ihr aus dem Weg zu gehen.

Leider winkte sie ab. »Das muss warten. Dein Vater hat mir geschrieben. Wir müssen uns unterhalten.«

Sein Vater? Seit wann meldete der sich? Das klang gar nicht gut. Beunruhigt folgte Herkules ihr ins Wohnzimmer.

Seine Mutter ließ sich aufs Sofa fallen. »Gibst du mir bitte dein Zeugnis?«

Herkules holte seinen Rucksack aus dem Flur und zog zwischen vielen Büchern und Heften ein zerknittertes Blatt hervor. Seine Mutter strich es glatt und las.

Herkules machte sich keine großen Sorgen. Die kurze Phase, in der Bettine von Nobelnobel ihn gezwungen hatte, fehlerfreie Arbeit abzuliefern, hatte sich gelohnt. Bis auf Französisch waren seine Noten halbwegs okay.

Stumm beobachtete er seine Mutter beim Lesen. Endlich legte sie das Zeugnis beiseite. »Tja, Herkules, ich hatte auf ein kleines Wunder gehofft, aber die Fünf in Französisch ist geblieben.«

Hatte sie allen Ernstes geglaubt, dass er in den paar Tagen noch etwas hätte retten können? Noch dazu nach Notenschluss? Seit wann klammerte sie sich an Wunschträume? Sie war doch sonst nicht so.

Gerade wollte er sich rechtfertigen, da bemerkte er ihren Gesichtsausdruck. Sie sah so müde aus, dass er ein schlechtes Gewissen bekam und ihr den Arm um die Schultern legte. »Wir haben doch gesagt, dass ich zum Nachhilfeunterricht gehe. Ich werde mir wirklich Mühe geben, versprochen. Bis zum neuen Schuljahr ist es noch lange hin, da kann ich viel nachholen. Hast du mich schon bei L.U.S.T. angemeldet?«

Sie schüttelte den Kopf. »Das Problem ist, dass uns das Geld dafür fehlt. Dein Vater hat mir geschrieben, dass er auf Kurzarbeit gesetzt wurde und weniger Unterhalt zahlen wird. Er kann nichts dafür. Viele Unternehmen müssen ihren Betrieb wegen Corona herunterfahren. Wir haben Glück, dass er nicht entlassen wurde. Jedenfalls noch nicht.« Mit beiden Händen fuhr sie sich durch die Haare. »Es tut mir leid. Es ist nicht deine Schuld, dass die Schule lange zu war. Du und Tom, ihr wart großartig. Ihr habt gekocht und eingekauft und so gut gelernt, wie es eben ging. Du hast nicht einmal viel gemeckert, wenn ich abends oder an Wochenenden mit dir Mathe geübt habe. Aber Französisch kann ich nicht.«

In diesem Moment bimmelte es an der Balkontür. Ein aufgeregter Jonathan von Nobelnobel winkte von draußen und hörte nicht auf, an der kleinen Messingglocke zu ziehen.

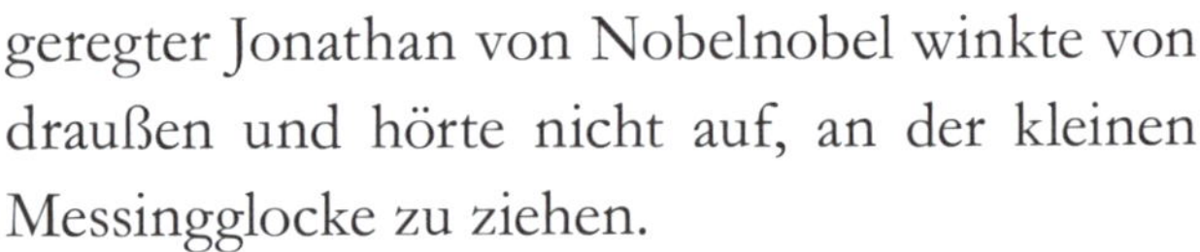

Herkules' Mutter seufzte. »Vielleicht war das mit der Glocke keine so gute Idee.«

Als Bettine von Nobelnobel Schienen auf den Balkon gelegt und damit das Spukgebiet ihres Bruders erweitert hatte, hatte Jonathan sie besucht, wann immer er konnte. Und das war ziemlich oft gewesen, weil seit Beginn der Pandemie in der Stadt nicht viel los war. Selbst die Brücke über den Fluss, an der sonst immer Stau herrschte, war zuweilen wie ausgestorben. »Willkommen in der Geisterstadt!« hatte eine örtliche Zeitung getitelt, was Jonathan mit einem verächtlichen Schnauben quittiert hatte. Jedenfalls war er so oft bei Herkules aufgekreuzt, dass Tomputer jedes Mal das Lied »Ghostbusters« laut aufdrehte, wenn er den Geist sah. Jonathan schien das nichts auszumachen, offensichtlich hatte er nicht mitbekommen, dass der Song von erfolgreichen Geisterjägern handelte.

Schließlich hatte es Herkules' Mutter gereicht. Sie hatte eine Glocke am Balkon angebracht und Jonathan den Kopf gewaschen: »Ich will nicht, dass du zu jeder Tages- und Nachtzeit hereinschneist. Nicht einmal Herkules mag es, wenn du ihn auf dem Klo überraschst. Ich erwarte, dass du künftig klingelst und die Schwelle zu unserer Wohnung erst übertrittst, wenn einer von uns dich hereinbittet. Außerdem wäre es schön, dich nicht ganz so oft hier zu sehen.«

Zum Glück war der Geist nicht beleidigt gewesen. »Verzeiht, meine Freunde, ich habe eure Gastfreundschaft etwas strapaziert. Von nun an werde ich mich zusammenreißen.« Schon im nächsten Moment hatte er sich wie ein Kind gefreut. »Eine Glocke, extra für mich! Welche Ehre! Ich bin ein besonderer Gast! Ein ganz besonderer Gast!« Seitdem bimmelte er mit großer Begeisterung, vor allem heute.

Fragend sah Herkules seine Mutter an. Sollte er ihn hereinlassen?

Sie seufzte und nickte.

Herkules öffnete die Tür. »Hallo, Jonathan!«

Strahlend schwebte der Geist ins Wohnzimmer, verharrte über dem Couchtisch und verbeugte sich. »Bonjour, madame! Enchanté.«

»Das heißt ›Guten Tag, meine Dame, prost!‹«, übersetzte Herkules, um zu zeigen, dass er wenigstens ein bisschen Französisch beherrschte.

»Nicht ganz, mein Lieber«, verbesserte ihn Jonathan. »›Enchanté‹ bedeutet ›sehr erfreut‹, nicht ›prost‹. Du verwechselst das mit ›santé‹.« Er kicherte. »Meine Großmutter würde mir ihr klapperndes Gebiss an meinen wohlgeformten Kopf werfen, wenn ich ihr am Vormittag zuprosten würde. Wirklich, was bringen die euch heutzutage in der Schule bei?«

Herkules' Mutter richtete sich auf. »Du sprichst französisch?«

»Selbstverständlich, liebe Eva«, antwortete Jonathan. »Vor dreihundert Jahren sprachen bei uns nur die Bauern deutsch. Noch heute unterhält sich ein Großteil der von Nobelnobels auf Französisch, obwohl sie alle des Deutschen mächtig sind. Allein Wotan von Nobelnobel pfeift darauf. Er liebt es, seine Umwelt mit Flüchen aus aller Welt zu schockieren.«

»Sprichst du denn nur die alte höfische Sprache oder auch das moderne Französisch?«

Je genauer seine Mutter nachhakte, desto mulmiger wurde Herkules zumute.

»Sowohl als auch, meine Liebe«, versicherte ihr der Geist. »Ich bin doch nicht von gestern. Du solltest mich inzwischen gut genug kennen, um zu wissen, dass ich mit der Zeit gehe.«

Das stimmte. Jonathans Freude an neuen Ideen kannte keine Grenzen. Neuerdings versuchte er, die Elektroroller, die überall in der Stadt standen, zu magiegetriebenen und damit umweltfreundlicheren Fortbewegungsmitteln umzurüsten. Allerdings hatten Jonathans magere Spukkünste bisher nur dazu geführt, dass die Roller um Mitternacht ein paar Meter alleine herumfuhren, ehe sie quer auf dem Bürgersteig umfielen und zu Stolperfallen wurden.

Die Stimme seiner Mutter riss Herkules aus seinen Gedanken. »Jonathan, dürfte ich dich um einen Gefallen bitten? Es ist so: Herkules hat in Französisch eine Fünf. Seine Lehrerin meint, dass er dringend besser werden muss, wenn er im nächsten Jahr mitkommen will.«

»Ach, die soll sich nicht so haben. Sie hätte selber keine Eins verdient. Ihr Akzent lässt mehr als zu wünschen übrig. Sie betont die Wörter wie eine Häckselmaschine mit Durchfall.«

»Jonathan, ich finde es nicht sehr hilfreich, wenn du dich abfällig über die Lehrerin meines Sohnes äußerst. Sie klang sehr engagiert, aber sie meinte, dass Herkules große Lücken hat und etwas Nachhilfeunterricht in den Ferien braucht. Und da habe ich an dich gedacht.«

Es dauerte einen Moment, ehe der Geist begriff. »Ich darf euch helfen?«, rief er. »Du vertraust mir dein kostbares Kind an? Deinen zarten Spross?«

Herkules verdrehte die Augen.

Jonathan machte einen Luftsprung und brachte die Deckenlampe zum Schwingen. »Nichts lieber als das, Verehrteste! Wann soll ich anfangen? Jetzt gleich? Wie viele Stunden am Tag?«

Panisch blickte Herkules seine Mutter an. War das ihr Ernst?

Zum Glück überspannte sie den Bogen nicht völlig. »Das ist sehr, sehr lieb von dir, Jonathan. Doch ich will deine Großzügigkeit nicht ausnutzen. Ich denke, dreimal neunzig Minuten in der Woche sollten genügen. Wie wäre es, wenn du morgen um zehn anfängst? Hättest du da Zeit?«

Jonathan sah aus, als hätte sie ihm einen Orden verliehen. »Ich muss sofort zur Schulbibliothek und mir geeignetes Lehrmaterial suchen. Bis moooorgen!« Mit diesen Worten sauste er zur Balkontür und verschwand.

»Mach nicht so ein Gesicht!«, sagte Herkules' Mutter. »Einen anderen Nachhilfelehrer kann ich mir nicht leisten. Und wer weiß, vielleicht wird es mit Jonathan lustiger als bei L.U.S.T.«

IV. Milans Entdeckung

Eine Stunde später schoben Herkules, Milan und Paula ihre Räder durch den Wald den Hang hinauf, was bei dem sandigen Boden nicht einfach war. Richtig mühsam wurde es, als Milan den Weg verließ und sie quer durch das Gelände führte. Der Boden war uneben und von einer dicken Laubschicht und abgebrochenen Ästen bedeckt. Immer wieder mussten sie sich zwischen Sträuchern hindurchzwängen.

Paula schnaufte. »Milan, bist du dir sicher, dass wir hier richtig sind?«

»Definitiv.«

Eine Brennnessel streifte Herkules' Bein. Mit Mühe verkniff er es sich, die juckende Haut zu kratzen, das würde alles nur schlimmer machen. Er hasste Brennnesseln. Berührte man sie sanft, bekam man brennende Pusteln. Packte man sie fest an, konnten sie einem nichts anhaben. Das jedenfalls behauptete seine Nachbarin Frau Rummel. Aber ausprobiert hatte Herkules es nicht. Wer war schon so blöd, freiwillig in Nesseln zu greifen?

Mist, jetzt hatte er schon wieder geträumt. Beinahe hätte er sein Rad gegen Paulas geschoben.

Die wurde immer langsamer. Schließlich blieb sie stehen und schaute sich um. »Ich nehme alles zurück, Milan. Du hast nicht zu viel versprochen.«

Herkules spähte über ihre Schulter. Vor ihnen war eine zwei bis drei Meter breite Mulde, die sich in den Hang drückte. Ein windgeschützter Platz, gerade groß genug für sie drei. Blickte man hinunter zum Fluss, lichteten sich genau hier die Bäume, sodass sie eine phänomenale Sicht auf die Bucht hatten. Direkt vor der Mulde war ein umgestürzter Baum, der sich in anderen Bäumen verfangen hatte und dessen Stamm zwei Meter über dem Boden schwebte.

Milan lehnte sein Rad gegen einen Stamm und breitete die Arme aus. »Wir müssen nur Äste, Zweige und Blätter sammeln und damit ein Dach bauen, dann haben wir das perfekte Geheimversteck mit Aussicht! Der umgestürzte Baum ist der ideale Querbalken.«

Es war schon länger her, dass Herkules ihn so aufgekratzt erlebt hatte. Doch Milan hatte recht. Das hier war der ultimative Ort für eltern-, geister- und geschwisterfreie Treffen.

»Wie hast du die Stelle entdeckt?«, fragte Herkules.

»Im Grunde genommen habe nicht ich sie entdeckt, sondern Miss Marple, die Hündin unseres Nachbarn«, antwortete Milan. »Manchmal gehen meine Eltern mit ihr Gassi, wenn unser Nachbar es nicht schafft. So auch letzten Sonntag. Wir waren mit Miss Marple im Wald, und ich habe kurz nicht aufgepasst. Eigentlich ist sie eher träge, doch sie muss etwas gewittert haben, was sie völlig aus dem Häuschen brachte. Jedenfalls riss sie sich plötzlich los und rannte ins Unterholz. Ich hinterher. Zum Glück lief sie nicht weit und blieb genau hier stehen.«

»Heißt das, deine Eltern waren auch hier?«, fragte Paula.

»Nein, ich habe Miss Marple sofort hochgehoben und zurück zum Weg getragen, wo meine Eltern warteten.«

Als Erstes räumten sie den Boden frei. Danach schleppten sie Äste herbei und bauten daraus das Dach. Milan hatte Schnur mitgebracht, mit der sie die wichtigsten Äste zusammenbanden.

»Wie wäre es, wenn wir beim nächsten Mal eine Plane mitbringen und das Dach damit abdichten?«, schlug Herkules vor. »Dann könnten wir uns hier auch bei Regen treffen.«

»Hat denn einer von euch eine Plane?«, fragte Milan.

»Müllbeutel tun es auch«, antwortete Paula. »Am besten dunkle, die fallen nicht auf.«

»Gut«, sagte Milan, »ich besorge welche. Die Müllsäcke beschweren wir mit weiteren Ästen, und das Ganze tarnen wir mit Blättern.« Er sah auf die Uhr. »Schade, ich muss los. Machen wir morgen früh weiter? Gegen zehn?«

Herkules nickte. Er konnte es nicht erwarten, die Hütte fertig zu bauen und es sich darin richtig gemütlich zu machen. Was für eine Vorstellung: bei Regen in ihrem Unterschlupf Comics lesen und Kekse essen, ohne dass seine Mutter ihn mit Aufträgen wie Müllrunterbringen oder Zimmeraufräumen nervte!

Auch Paula war einverstanden. »Am besten bringen wir morgen Kissen und Decken mit. Und etwas zu essen.«

Sie brachen auf und schoben ihre Räder durch das Dickicht. Sobald sie den Weg erreicht hatten, kamen sie viel schneller voran. Diesmal fuhren sie nicht hinunter zum Fluss, sondern folgten dem Weg hangaufwärts in die andere Richtung. Die Strecke quer durch den Wald war zwar genauso lang, dafür aber schattiger.

Als sie auf den Hauptweg einbogen, trat Paula so kräftig in die Pedale, dass Herkules und Milan nur mit Mühe mithalten konnten.

»Seit wann ist sie so fit?«, fragte Herkules Milan.

»Seit sie mit Laura dreimal die Woche fünfzehn Kilometer radelt. Zusammen sind die beiden zu echten Fitness-Junkies geworden.«

Am Ende des Hauptweges holten sie Paula ein. Sie stand fast im Gebüsch, um einen weißen Lieferwagen vorbeizulassen. Der Fahrer schien sich keine große Mühe zu geben, ihr auszuweichen, und fuhr nur wenige Millimeter an ihr vorbei. Schon erreichte er die Jungs. Fast hätte Herkules den Außenspiegel an die Schulter bekommen. Im letzten Moment wich er aus und hechtete samt Fahrrad mitten in hüfthohe Brennnesseln. Seine Waden und Unterarme brannten.

»Gern geschehen, du Doofnuss!«, brüllte Milan dem Auto mit finsterer Miene hinterher. »Was hat der Typ hier eigentlich zu suchen? Das ist ein Forstweg, und nach einem Forstfahrzeug sah mir der Wagen nicht aus.«

Herkules holte seine Trinkflasche aus dem Rucksack und goss etwas Wasser auf seine Arme und Beine. Viel half es nicht. Hastig stieg er aufs Rad und fuhr los. Er wollte so schnell wie möglich nach Hause, um Salbe auf die Pusteln zu schmieren. Paula und Milan folgten ihm.

Sie ließen den Wald hinter sich und erreichten das Stadtgebiet. Gerade fuhren sie am Bahnhof vorbei, da hörten sie eine Stimme. »Ein Ausflug mit dem Fahrrad? Wie löblich: frische Luft und Bewegung.«

»Didini?«, fragte Herkules überrascht und hielt an. Tagelang hatte er sein letztes Gespräch mit der Geisterdame erfolgreich verdrängt. Doch nun überschlugen sich seine Gedanken. Würde sie ihm jetzt den Gutschein geben? Wohl kaum, Milan und Paula durften schließlich nichts davon wissen. Er blickte sich um. »Wo bist du?«

»Direkt neben euch. Doch da hier viele Autos vorbeifahren, halte ich es für ratsamer, unsichtbar zu bleiben.«

Paula drehte sich in die Richtung, aus der Didinis Stimme kam. »Du klingst aber gut gelaunt!«

»Das bin ich«, antwortete Didini. »Mein Ehemann ist wieder voller Lebensenergie. Viele Geister leiden an der Pandemie, weil sie ihre Spukroutinen durcheinanderbringt. Immerhin war die Schule jetzt für einige Wochen wieder auf. Trotzdem kam der Ferienbeginn für Jonathan viel zu früh und hat ihn in eine kleine Depression gestürzt. Ich bin so dankbar für sein neues Projekt. Er ist voller Ideen und kann es gar nicht erwarten, morgen mit dir anzufangen, Herkules.«

Mit einem mulmigen Gefühl im Magen erinnerte sich Herkules an seine Verabredung. Milan drehte sich zu ihm und sah ihn verwundert an.

»Was für ein Projekt?«, fragte Paula.

»Keine Zeit, keine Zeit!«, rief Didini. »Ich muss nach Hause und das Lehrerzimmer lüften. Es stinkt nach Tante Hasras Rasierwasser. Und ich muss meinen Teppich ausschütteln. Er ist voller Staub.« Sie hörten ein Klopfen und binnen Sekunden waren die Kinder von einer Staubwolke umhüllt. »Tschüüüüs!« Ein Luftzug verriet, dass Didini davonflog.

»Was für ein Projekt?«, wiederholte Paula, als der Staub sich verflüchtigt hatte.

Herkules druckste herum. Unterricht in den Ferien war blöd genug, vor allem, wenn man deswegen daran gehindert wurde, ein Geheimversteck im Wald zu bauen. Aber von den Geldsorgen seiner Familie zu erzählen, war ihm mehr als unangenehm.

»Meine Mutter hat Jonathan als Französischnachhilfelehrer engagiert. Morgen früh um zehn geht es los. Das hatte ich ganz vergessen.«

»Sie hat was?«, rief Milan. »Jonathan als Lehrer? Ich fasse es nicht. Warum hat sie dich nicht bei L.U.S.T. angemeldet? Da gehen doch alle hin, die zur Nachhilfe müssen!«

»Mein Vater kann den Unterhalt nicht zahlen. Kurzarbeit.«

Herkules hoffte, das Thema damit abgehandelt zu haben. Leider gab Milan sich nicht zufrieden. »Warum ist deine Mutter nicht zu meinen Eltern gekommen? Du weißt doch, gerade wenn es um Bildung geht, helfen sie gerne.«

Herkules wusste nicht, was er darauf antworten sollte. Bestimmt hätten Milans Eltern ihm den Nachhilfeunterricht bezahlt. Trotzdem war es etwas anderes, ein Angebot anzunehmen, als um Hilfe zu bitten. Außerdem hatten Milans Eltern in den vergangenen Monaten genug für ihn getan. Selbst wenn sie ihm die Französischstunden spendiert hätten, hätte seine Mutter sich damit schwergetan. Sie hatte schließlich ihren Stolz und Herkules auch. So gesehen war die Idee, Jonathan zu fragen, die bessere Lösung. Nur war er sich nicht sicher, ob Milan das verstehen würde.

Zum Glück kam Paula ihm zu Hilfe. »Was ich von L.U.S.T. gehört habe, ist nicht so berauschend. Es soll ziemlich langweilig sein.« Sie wechselte das Thema. »Wann fahrt ihr eigentlich in den Urlaub?«

Milan zuckte mit den Schultern. »Keine Ahnung. Meine Eltern sind sich nicht einig. Erst hatten sie eine Reise in die USA gebucht, aber alle Flüge sind storniert worden. Meine Mutter hat vorgeschlagen, dass wir mit dem Fahrrad durch Deutschland radeln, nur hat mein Vater darauf genauso wenig Lust wie ich. Wenn wir überhaupt wegfahren, dann in der zweiten Ferienhälfte.«

»Wir vielleicht auch«, sagte Paula. »Mit etwas Glück vermietet uns ein Kollege meiner Mutter seine Ferienwohnung an der Ostsee. Das stellt sich aber erst in ein paar Tagen heraus.«

»Bei uns ist noch alles offen«, nuschelte Herkules. Er kam sich ein bisschen schäbig vor, aber er freute sich, dass Paula und Milan vorerst hierblieben. Da niemand wusste, wie lange sein Vater in Kurzarbeit bleiben würde, hatte seine Mutter ihre Urlaubspläne auf Eis gelegt.

»Und was machen wir morgen?«, fragte Milan.

Herkules zuckte mit den Schultern. »Ich wäre zu gerne dabei. Aber um zehn bin ich mit Jonathan verabredet. Ihr müsst wohl ohne mich weitermachen.«

Paula schüttelte den Kopf. »Dann warten wir eben auf dich. Rufst du uns an, sobald du fertig bist?«

Auch Milan war dafür. »So habe ich mehr Zeit, die Müllsäcke oder vielleicht sogar eine Plane aufzutreiben. Und wenn das Dach fertig ist, picknicken wir. Okay?«

Glücklich fuhr Herkules nach Hause. Es war schön, gute Freunde zu haben.

V. Eins, zwei, drei

Am nächsten Morgen bimmelte Jonathan pünktlich um zehn Uhr. Tomputer warf Herkules einen mitleidigen Blick zu, ehe er in seinem Zimmer verschwand. Dabei summte er die Melodie von »Ghostbusters«.

Herkules ließ den Geist herein, der ihn mit »Bonjour!« begrüßte.

»Bonjour«, antwortete Herkules verlegen. »Wo willst du arbeiten? Meine Mutter überlässt uns das Wohnzimmer. Oder ist es dir lieber, wenn wir in mein Zimmer gehen und ich am Schreibtisch sitze?«

»Wir bleiben hier. Es ist mir völlig egal, ob du dich auf dem Sofa lümmelst, auf dem Kopf stehst oder am Tisch sitzt. Meinetwegen kannst du dich auf den Boden legen. Hauptsache, du machst es dir bequem und passt auf. Hätte man mich auf der Akademie nicht ständig gezwungen, still und aufrecht zu sitzen, wäre ich sicherlich besser im Spuken.«

Herkules war überrascht. In der Schule hatte er wiederholt versucht, seinen Lehrern begreiflich zu machen, dass er sich viel mehr konzentrieren konnte, wenn er in Bewegung war. Trotzdem wurde er immer wieder ermahnt, wenn er mit dem Stuhl hin- und herpendelte oder eine kleine Pirouette drehte, um zu sehen, was die Schüler machten, die hinter ihm saßen.

»Bist du bereit oder träumst du?«, fragte Jonathan und setzte sich auf den Couchtisch.

Herkules streckte sich auf dem Sofa aus und schob sich ein kleines Kissen unter den Kopf. »Ich bin so weit.«

»Dann lass uns loslegen. Ich habe die Schulbibliothek durchforstet, ohne wirklich fündig zu werden. Was soll ich sagen? Die Hälfte ist Mist. Eine Sprache lernt man nicht allein aus Büchern, vor allem nicht aus staubtrockenen Grammatiktabellen. Natürlich gilt auch hier: ›Ohne Fleiß kein Preis‹. Aber noch mehr gilt: Ohne Spaß kein echter Lernerfolg. Also, lass uns Spaß haben.«

Und den hatten sie. Herkules hatte mit allem Möglichen gerechnet, nicht aber damit, dass die folgenden anderthalb Stunden wie im Flug vergehen würden.

Erst wiederholten sie die französischen Zahlen von eins bis hundert, indem sie abwechselnd zählten. Dann zog der Geist ein Brettspiel mit zwei Würfeln aus seiner Rocktasche. Herkules musste immer wieder sagen, was er gewürfelt hatte. Die Felder, auf die er seinen Spielstein rückte, waren bis hundert nummeriert, und er sollte jedes Mal die Zahl nennen, auf der er gelandet war. Schließlich schickte Jonathan ihn ins Treppenhaus und ließ ihn laut die Stufen zählen. Wann immer Herkules einen Fehler machte, musste er zurück ins Erdgeschoss und von vorne anfangen. Nach drei Versuchen erreichte er das Dachgeschoss.

Anschließend sang Jonathan ihm ein französisches Trinklied vor, diktierte ihm den Text und übte mit ihm penibel die Aussprache.

Der Geist rieb sich die Hände. »Das war sehr gut. Übermorgen sehen wir uns wieder. Bis dahin bitte die Zahlen wiederholen und das Lied auswendig lernen. Ich habe den Eindruck, dass du bei Bewegung besonders gut lernst, und schlage vor, dass du deine Schritte zählst, wenn du das nächste Mal das Haus verlässt. Ich verabschiede mich!« Der Geist machte einen Salto und sauste hinaus.

Kaum war er verschwunden, kam Tomputer ins Wohnzimmer. »Wer hätte gedacht, dass unser popelgrüner Freund so guten Unterricht abliefert?«

Herkules grinste und rief Milan an.

»Kleine Planänderung«, sagte der. »Paula muss zum Zahnarzt und hat erst morgen wieder Zeit. Wollen wir stattdessen Schlauchboot fahren?«

VI. Die Reise der »Pompeji«

Eine Stunde später standen Herkules und Milan am Flussufer und pumpten abwechselnd das Boot auf. Mühsam hatten sie es mit Straßenbahn und Bus von Milans Zuhause bis zu einer kleinen Badebucht außerhalb der Stadt transportiert, damit sie mit der Strömung zurückrudern und sich treiben lassen konnten.

»Was für eine Plackerei!«, schimpfte Milan. »Das nächste Mal bitte ich Papa, mich herzufahren. Zu irgendwas muss es ja gut sein, dass er jetzt zu Hause arbeitet und mir auf die Nerven geht. Manchmal beneide ich dich, dass deine Mutter im Krankenhaus arbeitet und dich nicht rund um die Uhr kontrollieren kann.« Er wischte sich den Schweiß von der Stirn. »Hat dieses Boot ein Loch? Wir pumpen seit einer Ewigkeit!«

Herkules nahm ihm die Pumpe aus der Hand und machte weiter. Als sich auch die letzte Luftkammer fest anfühlte, ließen sie das Boot zu Wasser.

Kaum saßen sie drin und trieben los, öffnete Milan seinen Rucksack. »Fast hätte ich es vergessen. Halt mal!« Er reichte Herkules zwei Plastikbecher. Während Herkules sie hielt, füllte Milan sie mit Ingwerlimonade. »Ein Schiff ohne Namen ist ein Schiff ohne Seele. Ich taufe dich auf den Namen ›Pompeji‹.«

»Ein Boot nach einer antiken Stadt zu benennen, die ein Vulkan vollständig ausgelöscht hat, darauf kommt nur Milan«, dachte Herkules. Bestimmt hatte sein Freund wieder ein dickes Buch gelesen oder einen Dokumentarfilm gesehen. Wahrscheinlich beides.

»Du musst gar nicht so gucken«, sagte Milan. »Das ist genau der richtige Name. Schlauchboote wie dieses sind unweigerlich dem Untergang geweiht. Und wenn sie sowieso kentern, kann man sich nur wünschen, damit etwas zu erleben, was so unvergesslich ist wie diese berühmte Stadt.«

»Aber bitte ohne Tote und Verletzte.«

»Abgemacht. Auf glückliche Abenteuer mit dir, Pompeji!« Mit diesen Worten kippte Milan ein wenig Ingwerlimonade auf den äußeren Rand des Schlauchboots und stieß mit Herkules an. Dann packte er Flasche und Becher wieder ein, und Herkules ruderte los.

Schnell kamen sie nicht voran. Viele Kajakfahrer, Stand-up-Paddler und sogar Enten überholten sie. Vorsichtshalber hielten sie sich dicht am Ufer, um nicht den großen Dampfern in die Quere zu kommen. Gelegentlich sprangen sie ins Wasser, um sich abzukühlen. Herkules berichtete von Jonathans Unterricht

und dass das die beste Französischstunde gewesen war, die er je gehabt hatte.

Natürlich nahm Milan das zum Anlass, ihn abzufragen. Anfangs zählten sie alles, was sie auf ihrer Fahrt entdeckten: Schwäne, Bootsstege, Bojen, Müll im Wasser. Allzu aufregend war das nicht, selten gab es mehr als eine Handvoll auf einmal davon. Also zählten sie ihre Ruderschläge und wechselten sich nach hundert ab. Zu seiner Freude stellte Herkules fest, dass er die Zahlen besser beherrschte als Milan.

Endlich erreichten sie eine mit stattlichen Häusern bebaute Insel, die den Fluss teilte. Links davon befand sich die Bundeswasserstraße. Das war eine gerade Fahrrinne für große und schnelle Boote und Schiffe. Kleine Freizeitboote wie die »Pompeji« mussten die Insel rechts herum in großem Bogen umrunden. Das war ein ziemlicher Umweg, denn die Insel dehnte sich in diese Richtung weit aus.

Die Glocken einer nahe gelegenen Kirche läuteten. Milan zählte laut mit, auf Französisch natürlich. »Sechs Uhr!«, rief er erschrocken. »Um sieben grillen wir. Ich darf auf keinen Fall zu spät kommen. Mein Vater hat extra meine Lieblingswürstchen besorgt. Die mit Käsefüllung. So ein Dreck, bei dem Tempo wird das nie was!«

Herkules wies auf die Bundeswasserstraße, die gerade recht leer war. »Was meinst du, wollen wir die Abkürzung nehmen? Hinter der Insel kommt die Bucht, in der ich wohne. Wir könnten dein Boot in unseren Keller stellen. Mit der Straßenbahn schaffst du es noch.«

Milan zögerte. »Erlaubt ist das nicht. Andererseits – was soll schon passieren? Hier ist weit und breit kein Kahn oder Dampfer.«

Herkules ruderte los. Milan sprang ins Wasser und schob von hinten. Gerade hatten sie die Fahrrinne durchquert und hielten sich ans linke Ufer, als ein weiß-blaues Boot sich ihnen näherte.

»Hier spricht die Wasserschutzpolizei. Sie befinden sich auf einer Bundeswasserstraße. Bitte entfernen Sie sich unverzüglich«, tönte es aus einem Lautsprecher.

»Machen die Witze?«, schnaubte Milan. »Hier ist das Ufer befestigt und viel zu steil zum Anlegen. Die erwarten doch nicht allen Ernstes, dass wir die Fahrrinne wieder durchqueren?«

Herkules warf einen Blick über die Schulter. »Noch ein kleines Stück weiter ist in der Spundwand eine Leiter. Da können wir ans Ufer klettern und das Boot hochziehen.«

Er legte sich in die Riemen. Milan schob, was das Zeug hielt.

Das Polizeiboot kam näher, der Lautsprecher knisterte. »Verlassen Sie umgehend die Fahrrinne!«

Milan keuchte, hörte aber nicht auf zu schieben. Herkules ruderte mit voller Kraft weiter.

Am Ende überholte das Patrouillenboot sie und versperrte ihnen den Weg.

»Jungs, was soll der Blödsinn?«, fragte ein Polizist. »Ihr habt hier nichts zu suchen. Wenn ein Kahn gekommen wäre, als ihr noch mitten in der Fahrrinne wart, hätte der kaum ausweichen können. Das war wirklich gefährlich.« Er betrachtete die beiden und schüttelte den Kopf. »Ihr tragt ja nicht einmal Rettungswesten! Was mache ich jetzt mit euch?«

Herkules wusste nicht, was er sagen sollte. Sich als Schlauchbootfahrer eine Verfolgungsjagd mit der Wasserschutzpolizei zu liefern, war kein wirklich schlauer Plan gewesen.

Zum Glück übernahm Milan das Gespräch. »Es tut uns leid. Wir haben die Zeit vergessen, und wenn ich nicht pünktlich zu Hause bin, macht meine Mutter mir die Hölle heiß. Ich verspreche hoch und heilig, dass wir das nie wieder tun. Aber wenn wir jetzt umkehren, müssen wir noch mal durch die Fahrrinne. Das wäre dann wohl doppelt gefährlich. Können wir nicht ausnahmsweise ein kleines Stück weiterfahren?« Er zeigte nach vorne. »Da ist eine Leiter, wenn wir die nehmen, sind wir aus dem Weg und tragen das Boot an Land.«

Der Polizist blickte von den Jungs zur Spundwand und rief seinem Kollegen am Steuer etwas zu. Daraufhin gab dieser den Weg frei.

»Na, dann mal los«, sagte der Wasserschutzpolizist zu Milan und Herkules.

Sie ließen sich das nicht zweimal sagen und legten schnaufend die letzten fünfzig Meter zurück, wobei das Polizeiboot dicht hinter ihnen blieb. Milan kletterte zuerst die Leiter hoch und hielt das Tau fest. Herkules folgte ihm und trug ihre Rucksäcke hoch. Gemeinsam zogen sie die »Pompeji« aus dem Wasser. Der Polizist hob den Daumen und sein Kollege hupte. Dann drehte das Patrouillenboot bei und fuhr davon.

Kaum hatten Herkules und Milan das Schlauchboot geschultert, schoss eine kleine Fontäne aus dem Fluss und spritzte ihre Füße nass. Vor Schreck hätte Herkules fast das Boot fallen lassen.

»Süßwassermatrosen!«, hörten sie Jonathan prusten.

»Lass den Quatsch«, zischte Herkules. »Wir haben es eilig. Milan muss nach Hause. Hilf uns lieber! Bitte.«

Herkules spürte, wie ein unsichtbarer Jonathan die »Pompeji« anhob.

»Nicht zu hoch«, flüsterte Milan. »Wenn das Ding weit über unseren Köpfen schwebt, fallen wir auf.«

Das Boot senkte sich, sodass die Jungen danach greifen und so tun konnten, als würden sie es tragen.

»Super«, sagte Milan.

»Wohin soll ich es bringen?«, fragte der Geist.

»Zu mir. In den Keller«, antwortete Herkules.

Nach wenigen Minuten erreichten sie den Hauseingang. Herkules schob die angelehnte Tür auf und spähte in alle Richtungen. Im Treppenhaus und auch im Keller war niemand. »Ab hier kommen wir ohne dich klar, Milan. Sieh zu, dass du die nächste Straßenbahn erwischst.«

Milan rannte los. Herkules stieg ein paar Stufen hinunter und schloss die Kellertür auf. Ein nun sichtbarer Jonathan flog an ihm vorbei und stellte das Boot gegen ein Regal.

»Danke, Jonathan. Ohne dich hätten wir viel länger gebraucht. Die Zeit ist wirklich knapp geworden.«

Der Geist schwebte zur Treppe. Selten hatte Herkules ihn so ernst erlebt. »Zeit, das ist mein Stichwort. Heute ist Didinis dreihundertjähriges Spukjubiläum. Wie jeder Geist hat sie zu diesem Ereignis einen Zeitgutschein von der Spukbehörde bekommen. Meine Frau hätte ihn dir gern selbst überbracht, aber sie ist so damit beschäftigt, Glückwünsche entgegenzunehmen, dass sie mich gesandt hat.«

Jonathan zog eine vergilbte Papierrolle hervor und hielt sie Herkules hin. Vorsichtig nahm Herkules sie in die Hand, während der Geist fremd klingende Worte murmelte. Schon zischte es, und die Rolle zerfiel zu Staub.

»Fertig!«, erklärte Jonathan und verneigte sich feierlich. »Jetzt hast du die einmalige Gelegenheit, für drei Stunden die Zeit anzuhalten. Du musst nichts anderes tun, als zu sagen: ›Bei allen guten Geistern: Stopp, stopp, stopp!‹ Das ist alles. Der Gutschein ist übrigens für sieben Tage gültig, danach verfällt er.«

Herkules sank das Herz in die Hose. Er hatte nur eine Woche Zeit? Aufgeregt zog er die Kellertür hinter sich zu. Dabei knallte sie lauter als beabsichtigt.

»Was ist los, mein Freund? Habe ich etwas Falsches gesagt?«

Herkules seufzte. »Nein, Jonathan. Ich weiß nur nicht, wie ich dieser Prophezeiung gerecht werden soll. Seit Didini mir ihr Geschenk ankündigte, habe ich versucht, das Ganze zu verdrängen. Aber jetzt tickt die Uhr, und ich habe Angst, euch zu enttäuschen.«

Jonathans Gesichtsausdruck wurde weich. »Mach dir keine Sorgen. Vielleicht hat Didinis verrückte Tante ja recht und alles findet sich von selbst.«

»Hoffentlich. Im Moment fällt mir nichts Gescheites ein. Dass Tante Hasra behauptet, dass das Schicksal eine wichtige Aufgabe für mich hat, macht es besonders schwierig. Ansonsten würde ich einfach irgendwelchen Blödsinn mit dem Geschenk anstellen.«

Der Geist marschierte senkrecht an der Wand hoch, als wäre sie eine waagerechte Ebene. »Also, ich finde, Blödsinn zu machen, *ist* eine wichtige Aufgabe. Was glaubst du, was ich mit meinem Gutschein angestellt habe? Allerdings bin ich mir nicht sicher, ob andere das auch so sehen.« Er spazierte kopfüber an der Decke und lief an der anderen Wand wieder hinab, bis er vor Herkules am Fuß der Kellertreppe stand. »Wie dem auch sei, es wird alles gut gehen. Was pflegt unsere Freundin Paula zu sagen? Am Ende fällt dir immer etwas ein. Und wenn nicht, dann hat Sumpftante Hasra wieder einmal Unsinn geweissagt. Wobei ich diesmal durchaus hoffe, dass sie recht behält. Es laufen inzwischen einige Wetten in der Geisterwelt. Großcousin Rasputin zum Beispiel setzt darauf, dass Tante Hasra sich irrt. Wenn er verliert, muss er nackt auf dem Eiffelturm spuken. Egal, meine Liebste wartet, ich muss los. Adieu! Wir sehen uns übermorgen.«

Mit diesen Worten verneigte er sich und verschwand.

VII. Eine unerfreuliche Entdeckung

Am folgenden Morgen radelten Herkules, Milan und Paula zu ihrem Versteck im Wald. Milan hatte im Keller seines Elternhauses eine große dunkelgrüne Plane gefunden und sie seiner Mutter abgeschwatzt. Damit konnten sie das ganze Dach abdecken.

Herkules war hundemüde. Er hatte die halbe Nacht gegrübelt, was er mit dem Gutschein machen sollte, und fühlte sich völlig gerädert. Mit Mühe erreichte er die Hütte. Sie stand noch so, wie sie sie zwei Tage zuvor hinterlassen hatten. Die Sonne glitzerte in der Bucht, hier im Wald herrschte angenehme Kühle.

Zunächst zogen sie die Plane über das Dach, beschwerten sie mit Ästen und häuften Blätter darauf. Dann trugen sie Decken und Kissen in die Hütte. Am liebsten hätte Herkules sich sofort hingelegt und das Picknick ausgepackt, doch Milan wollte sichergehen, dass man ihre Hütte auch von weiter oben nicht entdeckte. Zu dritt kletterten sie den Hang hinauf, wobei Paula etwas schneller war und schon fast den Hauptweg erreicht haben musste.

»Was ist das denn?«, brüllte sie. »Kommt her, das müsst ihr euch ansehen.«

Herkules und Milan holten sie gleichzeitig ein. Der Anblick war wirklich eklig. Vor ihnen türmten sich Plastiksäcke und Sperrmüll. Sogar eine Kloschüssel mit braunen Bremsspuren lag zwischen einem Herd und einem Haufen alter Schuhe. Es sah aus, als hätte jemand direkt am Hauptweg gehalten und die Sachen ins Gebüsch geschleudert.

»Sauerei!«, schimpfte Paula.

»Wer macht sich die Arbeit und schleppt seinen Müll in den Wald?«, fragte Herkules angewidert.

Milan schob seine Hände in die Hosentaschen. »Gar nicht mal so wenige. Je nachdem, um was für Müll es sich handelt, kostet die Entsorgung Geld. Manche Leute wollen die Gebühren sparen oder haben keine Lust, sich nach den Öffnungszeiten der Mülldeponien zu richten. Sie laden ihren Kram lieber im Wald ab.«

»Unglaublich«, knurrte Paula.

»Es kommt noch schlimmer«, meinte Milan. »Mein Vater sagt, es gibt Leute, die verdienen damit ihr Geld. Sie bieten Wohnungsentrümpelungen oder Mülltransporte an und behaupten, dass alles streng nach Vorschrift geht. In Wahrheit kippen sie das Zeug in die Landschaft.«

Herkules sah sich die Möbel genauer an. Sie konnten noch nicht lange hier liegen. »Vor drei Tagen hat es gewittert, und das Holz sieht nicht aus, als wäre es in letzter Zeit nass geworden. Das heißt, der Kram wurde erst gestern oder vorgestern hergebracht. Oder heute früh.«

»Wer auch immer das gemacht hat, muss mit einem Auto gekommen sein. Einem Auto mit viel Stauraum«, sagte Milan.

Herkules beschlich ein Verdacht. Unwillkürlich rieb er sich die Waden. »Ein Auto mit viel Stauraum und einem Fahrer, der sich wenig um seine Mitmenschen schert? Denkt ihr, was ich denke?«

Paula starrte zum Hauptweg. »Der Lieferwagen, der uns vorgestern Abend vom Weg abgedrängt hat!«

Milan verzog das Gesicht. »Zu dumm, dass wir uns nicht das Nummernschild gemerkt haben.«

Herkules hatte genug. »Gehen wir zurück. Das hier verdirbt mir die Laune.«

Er lief zur Hütte, gefolgt von den beiden anderen. Sie war perfekt getarnt und selbst dann schwer zu erkennen, wenn man nur wenige Meter oberhalb stand. Herkules schob alle negativen Gedanken beiseite. Dieser Ort war viel zu schön, um sich den Tag von einem Haufen Müll vermiesen zu lassen.

»Zeit für ein Picknick«, verkündete Paula. Sie setzte sich auf eine der Decken und leerte ihren Rucksack. »Ich habe lauter Sachen mit M dabei: Mehrkornbrötchen mit Marmelade, Minisalami und Marshmallows. Was habt ihr?«

»Ich habe auch etwas mit M«, antwortete Milan. »Melone, Mamas Kartoffelsalat und Milans Erdnüsse.«

Herkules packte wortlos Getränkeflaschen, Kekse und Reiswaffeln aus. »M wie meins«, sagte er und griff nach den Marshmallows.

Nach dem Essen war er wohlig satt und träge. Er gähnte. »Ich bin so müde, ich könnte glatt einschlafen.«

Paula schob sich noch zwei Minisalamis in den Mund. »Du gähnst schon den ganzen Tag. Hast du schlecht geschlafen?«

»Kann sein«, antwortete Herkules ausweichend.

»Warum?«, fragte Paula.

Herkules schwieg und dachte an Jonathans Warnung.

Paula aber ließ nicht locker. »Komm schon, Herkules, dich beschäftigt etwas. Wieso sagst du nicht, was los ist? Vielleicht können wir dir helfen. Gibt es Ärger mit deinem Vater?«

»Nein.«

Milan wischte sich die Krümel aus dem Mundwinkel und sah

Herkules an. »Irgendwas ist passiert. Willst du wirklich nicht darüber reden? Wir sind deine Freunde.«

Herkules überlegte. Allein kam er nicht weiter. Warnung hin oder her, er musste mit jemandem darüber sprechen. Nicht mit irgendjemandem. Mit Milan und Paula.

»Also«, begann er, »Didini hat mir drei Stunden Zeit geschenkt. Und damit meine ich nicht, dass sie einen halben Tag mit mir verbracht hätte. Im Gegenteil, das ist Zeit nur für mich. Ich habe die einmalige Gelegenheit, für alle anderen die Zeit anzuhalten und bis zu hundertachtzig Minuten lang ungestört etwas zu tun, ohne dass jemand es bemerkt.«

»Wow!«, entfuhr es Paula. »Das ist mal etwas anderes.«

»Ich weiß, sogar für Geister ist es etwas Besonderes. Wenn ich es richtig verstanden habe, gibt es einen solchen Gutschein nur zum dreihundertsten Spukjubiläum, und es ist keine Selbstverständlichkeit, ihn zu verschenken. Jonathan hat seinen selbst aufgebraucht.«

»Warum gerade du?«, fragte Milan. »Nichts gegen dich, aber warum nicht Paula oder ich?«

»Didinis Tante Hasra hatte eine Vision und Didini dazu überredet.«

»Was hast du damit gemacht?«, fragte Paula.

»Das ist es ja. Noch gar nichts. Ich zerbreche mir seit gestern den Kopf. Computer spielen? Verschwendung, das habe ich im Lockdown sowieso dauernd getan. Heimlich nachts hinausgehen? Wozu? Den blöden Zehntklässlern, die so fiese Witze über uns machen, ›Ich bin strunzdumm‹ aufs T-Shirt malen? Didini wäre bestimmt nicht begeistert, wenn ich ihr Geschenk für Unsinn benutze. Und was würde Tante Hasra von mir halten? Sie glaubt fest daran, dass das Schicksal eine wichtige Aufgabe für mich bereithält. Dieser Gedanke kommt mir jedes Mal, wenn ich eine Idee habe. Mir fällt einfach nichts Vernünftiges ein. Und die gesamte Geisterschaft wartet gespannt darauf, welche Heldentat ich vollbringe. Angeblich laufen mehrere Wetten.«

»Warum setzt du dich so unter Druck? Warte doch einfach ab«, meinte Paula. Sie legte Erdnüsse zwischen zwei Marshmallows und schob sich alles genüsslich in den Mund.

»Weil das Geschenk nur eine Woche lang gültig ist. Danach verfällt es. In sechs Tagen ist die Frist um.«

Milan lehnte sich zurück und legte den Kopf auf seinen Rucksack. »Was ich nicht verstehe, ist, warum du uns nicht gleich davon erzählt hast. Wozu diese Geheimniskrämerei?«

»Didini sagt, dass die geschenkte Zeit sich jedes Mal halbiert, wenn ich einem Nichtgeist davon erzähle. Deshalb habe ich mich nicht getraut, euch einzuweihen.«

Erschrocken setzte Milan sich auf. »Das heißt, dir bleiben nur noch neunzig Minuten, weil du mit uns darüber gesprochen hast? Oder sogar nur fünfundvierzig Minuten, wenn es nicht auf die Zahl der Gespräche, sondern auf die Zahl der Personen ankommt?«

»Genau.«

»Oh Mann!«, entfuhr es Paula. »Hätte ich das gewusst, hätte ich dich nicht gedrängt, es uns zu erzählen. Was machen wir jetzt?«

»Gar nichts. Es sei denn, ihr habt eine Idee, wofür ich meine neunzig oder fünfundvierzig Minuten einlösen könnte.«

Milan kratzte sich am Kopf. »Du könntest in ein Land fahren, in dem besonders viele Unschuldige im Gefängnis sitzen, und dort die Zeit anhalten. Dann nimmst du den Gefängniswärtern die Schlüssel ab und öffnest alle Türen, damit die Gefangenen hinausspazieren können. Wenn die Wärter nicht zu schwer sind, schleifst du sie in eine Zelle und sperrst sie ein, damit sie keinen Alarm auslösen können.« Er grinste schief. »Paula, du musst mir nicht sagen, wie schwachsinnig die Idee ist. Ich weiß, dass moderne Gefängnisse Sicherheitsschleusen haben, durch die man nur durchkommt, wenn jemand anderes einem die Tür öffnet. Die Zeit anzuhalten, bringt da nicht viel.«

»Daran habe ich gar nicht gedacht«, antwortete Paula. »Ich habe mich nur gefragt, wie Herkules in so ein Land gelangen soll. Gerade in Zeiten von Corona, wo viele Grenzen dicht sind.«

»Fällt dir etwas Besseres ein?«, fragte Milan.

»Wenn es nur nicht eine Heldentat sein müsste! Sonst könnte Herkules ungestört im Spaßbad toben. Keine Schlange an der Wasserrutsche, kein Bademeister, der einem verbietet, vom Rand ins Wasser zu springen.« Paulas Gesicht hellte sich auf und sie drehte sich zu Herkules um. »Du könntest dich sogar aufs Drei-Meter-Brett legen und die Sonne genießen, ohne dass jemand drängelt.«

»Warum nicht gleich vom Zehn-Meter-Brett runterpieseln?«, warf Milan ein. »Wenn ich dich an deinen Einwand erinnern darf: Corona. Die Schwimmbäder sind zu.«

Herkules schüttelte den Kopf. »Ganz ehrlich, mutterseelenallein im Spaßbad toben? Dann lieber im Süßigkeitenladen futtern.«

»Oder in einer Imbissbude«, schlug Milan vor, dessen gesundheitsbewusste Eltern nur ganz ausnahmsweise Fastfood kauften.

»Oder im ›Tortenland‹«, rief Paula.

Das »Tortenland« war eine sündhaft teure Konditorei, an deren Scheibe sie und Herkules sich schon oft die Nase plattgedrückt hatten.

Herkules seufzte. »Ich sehe schon, keiner von uns eignet sich zum Helden. Wir sind bloß verfressen.« Mit diesen Worten rollte er sich zur Seite und schloss die Augen.

VIII. Zeit für Helden

Tags darauf saßen sie wieder in ihrer Hütte. Herkules hatte noch schlechter geschlafen als in der Nacht zuvor und beschlossen, eine Grübelpause einzulegen. Um sich abzulenken, versuchte er, sich auf Milans Comics zu konzentrieren. Doch die handelten dummerweise von Superhelden. Er gähnte.

»Ich habe auch nicht gut geschlafen«, maulte Paula. »Gestern Nacht habe ich überlegt, wie du deine Superkraft nutzen könntest, um den Mann zur Strecke zu bringen, der hier den Wald vermüllt hat. Aber mir fällt nichts ein. Es ist zu dumm: Wir haben ein Problem, wir können die Welt anhalten – und trotzdem passt nichts zusammen.«

Der Einzige, der Energie und gute Laune versprühte, war Milan. »Die Kormorane erinnern mich an eine Gruppe alter Leute«, sagte er, während er durch sein neues Fernglas auf die Bucht starrte. »Wie sie da auf dem toten Baum hocken und gemeinsam ihre Umgebung kommentieren. Ich frage mich, ob wir eines Tages auch so auf einer Bank sitzen und über alles Neue schimpfen werden.«

»Wer sagt denn, dass sie schimpfen?«, fragte Paula. »Mein Opa hat viel weniger gemeckert als meine Eltern. Der meinte immer, dass ihm seine verbleibenden Jahre zu kostbar sind, um sich aufzuregen.«

Milan ließ das Fernglas sinken. »Dann hattest du Glück. Meine Großeltern reden nur über ihre Krankheiten. Oder sie wollen mir etwas beibringen. Sie kommen gar nicht auf den Gedanken, dass sie auch von mir etwas lernen könnten. Einmal wollte ich ihnen ein Computerspiel zeigen. Keine Chance, sie fingen sofort damit an, dass ich lieber nach draußen gehen und mich bewegen soll. Würde ich ja, aber Fußball spielen sie auch nicht.«

Paula lehnte sich vor und nahm Milan das Fernglas aus der Hand. Eine Weile suchte sie die Bucht ab und lachte plötzlich laut auf. »Okay, diese Kormorane sind eine witzige Senioren-Wohngemeinschaft. Wenn wir alt sind, will ich auch so sein. Wir kaufen uns eine Wohnung mit Aussicht und dazu eine Spielkonsole.«

»Darf ich mal?« Herkules griff nach dem Fernglas. Alles war verschwommen. »Ich sehe nichts.«

»Du musst weiter links gucken«, sagte Paula. Sie öffnete eine Kekspackung. »Hast du die Kormorane gefunden?«

Herkules konnte nicht antworten. Beim Versuch, die Gläser scharf zu stellen, war sein Blick auf ein Motorboot gefallen. Ihm stockte der Atem. Zwei kleine Kinder, vielleicht zwei oder drei Jahre alt, krochen aus der Kajüte an Deck. Der Mann am Steuer schien nicht zu bemerken, wie gefährlich nah sie dem Bootsrand kamen. Der kleine Junge beugte sich vor, kippte nach vorne und verschwand im Wasser. Seine Schwester oder Freundin streckte die Hand aus. Im nächsten Augenblick verlor auch sie das Gleichgewicht und fiel in die Wellen.

»Nein!«, stöhnte Herkules und sprang auf. Hatte niemand etwas bemerkt? Was tat der Erwachsene? Viel zu schnell fuhr das Boot weiter.

»Was ist los?«, fragte Milan und stand ebenfalls auf.

Herkules reagierte nicht. Wie gebannt umklammerte er das Fernglas und starrte hindurch. Wurde das Boot langsamer? Der Mann schien etwas bemerkt zu haben. »Keine Chance«, dachte

Herkules. Selbst wenn der Mann sofort umkehrte, nie im Leben konnte er die Kinder retten. Dazu reichte die Zeit nicht.

Zeit? Blitzartig wusste Herkules, was zu tun war. »Stopp!«, brüllte er. »Im Namen aller guten Geister: Stopp, stopp, stopp!«

Hatte es funktioniert? Er sah sich um. Keine Wellen, kein Wind, kein Rascheln. Ein Blatt, das vom Baum gefallen war, hing mitten in der Luft. Milan blickte zu Herkules, ohne zu blinzeln. Und vor allem: Paula. Sie hielt einen Keks in der Hand, den sie sich offensichtlich gerade in den Mund hatte schieben wollen.

Fieberhaft dachte Herkules nach. Die Zeit stand still und nichts bewegte sich. Er hatte neunzig oder fünfundvierzig Minuten, um die Kinder zu retten. War das Wasser zu einer festen Masse erstarrt? Dann könnte er durch den Wald zum Ufer rennen, über die Wellen laufen, bis er die Stellen gefunden hatte, wo die Kinder hineingefallen waren, und lostauchen, sobald die Welt wieder normal war. Wie aber sollte er beide Kinder rechtzeitig aus dem Wasser ziehen?

Aufgeregt tat er einen Schritt nach vorn und griff nach dem Blatt in der Luft. Es ließ sich mühelos biegen. Das bedeutete, dass sich zwar nichts von allein bewegte, dass sich die Dinge aber bewegen ließen. Und das wiederum hieß, dass er vermutlich nicht übers Wasser gehen konnte.

Sollte er durch die Bucht schwimmen? Es war eine ganz schön weite Strecke. Auch wenn er eine gute Kondition hatte, wusste er nicht, ob er noch die Puste zum Tauchen haben würde. Er würde jedes Kind einzeln suchen, finden, an die Oberfläche bringen und dann auf das Deck heben müssen. Es würde alles andere als einfach, zumal das Motorboot ziemlich weit weg war. Wie würde er an Bord kommen? Und warum, verdammt noch mal, gab es kein Boot, das näher dran war? Weit und breit nicht einmal ein Surfbrett oder eine Luftmatratze!

Das brachte ihn auf eine Idee. Natürlich! Er rechnete kurz nach. Neunzig Minuten würden reichen. Fünfundvierzig vielleicht auch. Ganz vielleicht.

So schnell er konnte, nahm er sein Rad, rannte damit zum Hauptweg, stieg auf und jagte durch den Wald. Es herrschte absolute Stille. Das Einzige, was Herkules hörte, war sein Schnaufen und sein Fluchen. Die anderthalb Kilometer Sandweg erschienen ihm endlos. Völlig außer Atem erreichte er die Straße. Wieder ging es bergauf. Wenn doch nur Didini mit ihrem Teppich helfen könnte! Aber auch für sie stand die Zeit still.

Endlich kam er zur großen Kreuzung vor dem Hauptbahnhof. Wo sonst Straßenbahnen, Busse und Autos den Platz in ein Gewirr von Lärm und Abgasen verwandelten, bot sich Herkules ein gespenstisches Bild: Der Platz war genauso voll wie sonst und doch bewegte sich nichts. Es war totenstill. Kein Hupen, kein Rufen, kein Motorenbrummen. Ein Jugendlicher, der wohl dabei war, in einen Bus zu hechten, verharrte in der Luft. Ein Vater mit Kinderwagen stand mitten auf dem Radweg. Fast hätte Herkules ihn angefahren.

Erst vorsichtig, dann immer gehetzter schlängelte er sich zwischen Lastwagen und Autos hindurch. Links fahren, rechts fahren, niemand kam ihm entgegen. Herkules wurde immer schneller. Stopp-Schilder und rote Ampeln interessierten ihn nicht. Er kam voran! Für einen kurzen Moment wich die Anspannung dem überwältigenden Gefühl, dass nichts ihn aufhalten konnte.

In einer Einbahnstraße sauste er johlend an einer Polizeiwache vorbei – natürlich in die Richtung, die verboten war. Im nächsten Augenblick dachte er beschämt an die beiden Kinder, deren Leben auf dem Spiel standen. Energisch biss er die Zähne zusammen und trat in die Pedale.

Mit Seitenstechen erreichte er das Haus, in dem er wohnte. Hektisch kettete er sein Fahrrad an eine Laterne, rannte in den Keller und schleppte Milans Schlauchboot nach oben. Dann holte er die Paddel und befestigte sie an den Halterungen. Auf zum Fluss! Er ließ die »Pompeji« an der Leine zu Wasser, bis sie einen Meter unter ihm schwamm, warf seine Turnschuhe hinein, sprang hinterher und ruderte mit aller Kraft los.

Zum Glück gab es keinen Wind und keine Strömung, gegen die er ankämpfen musste. Mit der Zeit stand auch der Fluss still, und es war, als bewegte sich das Boot über einen ruhigen Teich. Mühsam war es dennoch. Warum hatten Schlauchboote so lächerlich kurze Ruder? Kam er überhaupt voran? Seine Arme taten weh. Er musste sich ablenken. Zählen. Bis hundert. Erst auf Deutsch. Dann auf Französisch. Seine Arme! Er überholte das Patrouillenfahrzeug der Wasserschutzpolizei. Zu ärgerlich, dass er nicht wusste, wie man damit fuhr, sonst hätte er es glatt gekapert. Die Insel lag schon hinter ihm. Wie lange noch? Laut sang er das Trinklied, das Jonathan ihm beigebracht hatte. Er besang die Flasche, den Rausch und das Leben. Und noch mal bis hundert zählen und wieder das Trinklied. Würde er es schaffen?

Endlich kam das Motorboot in Sicht. Hier musste irgendwo die Stelle sein, an der die Kinder in den Fluss gefallen waren.

Herkules starrte ins Wasser, das ruhig etwas weniger trüb hätte sein können. Wo waren die Kleinen? Und wie tief war es hier?

Er entdeckte Luftblasen an der Wasseroberfläche. War das die Stelle, an der eines der Kinder hineingeplumpst war? Es half nur eines: nachsehen.

Zum Glück hatte die »Pompeji« eine lange Leine. Herkules band sie sich um das Fußgelenk und glitt ins Wasser. Tatsächlich war es so flach, dass er an einigen Stellen stehen konnte. Er tauchte los. Ohne Taucherbrille konnte er fast nichts sehen und streckte die Arme aus in der Hoffnung, etwas zu finden. Wasser, Wasser, immer nur Wasser. Dann ein Fisch. Wasser. Als Herkules kaum noch Luft hatte, kam er wieder an die Oberfläche. Er atmete tief ein und tauchte erneut. Und noch einmal.

Beim dritten Mal griff er in etwas Weiches. Haare! Vorsichtig tastete er weiter, bis er einen kleinen Kinderköper unter den Schultern zu fassen bekam. Wieder hatte er Glück, er konnte stehen. Erleichtert schob er das Kind an die Oberfläche. Es war das Mädchen. Herkules hob seinen Fuß, erwischte die Leine und zog das Schlauchboot heran, bis er das Kind in die »Pompeji« hieven konnte und selbst an Bord kletterte. Lebte es noch? Er legte es auf dem Bauch, hielt es über den Rand und klopfte ihm auf den Rücken. Wasser floss aus dem Mund, sehr viel Wasser. Dann zog er das Mädchen zurück und drehte es auf die Seite. Es war bestimmt nicht die perfekte stabile Seitenlage, die Tomputer ihm gezeigt hatte, aber fürs Erste musste es reichen.

Wo war der Junge? Weit konnte er nicht sein. Da sich das Motorboot zu seiner Rechten befand, musste der Kleine noch etwas weiter weg davon sein als das Mädchen. Herkules rollte vom

Schlauchboot ins Wasser und watete los. Dummerweise wurde es tiefer. Also tauchen. Wie viel Zeit blieb ihm? Wieder und wieder suchte Herkules den Grund ab. Seine Augen brannten.

Nicht aufgeben! Er war so außer Atem, dass er allmählich die Orientierung verlor. Paula glaubt an dich. Sumpftante Hasra glaubt an dich. Ein weiterer Tauchgang für Didini. Einer für Jonathan. Für Milan. Für Herkules.

Da spürte er etwas. Den Jungen. Mit letzter Kraft brachte Herkules ihn an die Oberfläche, zog das Schlauchboot heran und legte den Kleinen hinein. Wieder auf den Bauch, danach auf die Seite.

Wie viel Zeit hatte er noch? Egal, er musste zum Motorboot. Zum Rudern war kein Platz, schwimmend schob er die »Pompeji« vorwärts. Das Motorboot war nur wenige Meter entfernt. Gleich hatte er es geschafft.

Plötzlich geriet alles ins Wanken. Was war das? Das Motorboot entfernte sich! Entgeistert sah Herkules ihm nach. Dann begriff er: Die Zeit stand nicht mehr still. Die Strömung hatte eingesetzt und ihn und die »Pompeji« erfasst. So müde, wie er inzwischen war, schaffte er es nicht, dagegen anzuschwimmen.

»Da sind sie!«, hörte er eine Männerstimme, gefolgt von einem Platschen.

Im nächsten Augenblick war jemand neben ihm. Eine Frau half ihm, die »Pompeji« ans Motorboot zu schieben und festzubinden, ehe sie zu den Kindern kletterte und sie schluchzend an sich drückte. Beide husteten entsetzlich. Der Junge erbrach sich und wimmerte. Das Mädchen heulte und klammerte sich an seine Mutter. Der Mann klappte eine Leiter aus, stellte sich darauf und nahm weinend erst das eine, dann das andere Kind entgegen. Die Frau stürzte so eilig hinterher, dass sie beinahe ins Wasser gefallen wäre.

Erschöpft zog Herkules sich auf die »Pompeji« und beobachtete die Familie. Während der Mann die Kinder in seinen Armen wiegte und beruhigend auf sie einredete, rannte die Frau in die Kajüte, holte ihr Handy und rief den Notarzt.

Herkules schluckte. Die Kinder lebten! Er hatte es tatsächlich geschafft! Erst jetzt wurde ihm voll und ganz bewusst, wie schrecklich der Tag hätte enden können. Was für ein Glück, dass Didini ihm ihren Gutschein geschenkt hatte! Er war ihr unendlich dankbar. Und Sumpftante Hasra auch. Nie wieder würde er sich über sie lustig machen.

Die Frau beendete ihr Telefonat und sah Herkules verwirrt in die Augen. »Entschuldige, dass wir uns noch gar nicht bei dir bedankt haben. Wie heißt du?«

»Herkules.«

»Wie hast du das geschafft? In einem Moment waren die Kinder weg, und im nächsten lagen sie halb ertrunken in deinem Schlauchboot.«

»Lass ihn«, unterbrach sie der Mann. »Du siehst doch, wie erschöpft er ist.« An Herkules gewandt sagte er: »Deine Augen sind ganz rot. Bist du getaucht?«

Herkules nickte. Wie sollte er das alles erklären? Er wollte sich einfach nur noch ausruhen.

»Ich glaube, er steht unter Schock«, sagte die Frau.

Der Mann sprach sanft: »Herkules, ich möchte dich ungern allein lassen. Wir fahren jetzt ans Ufer und warten auf den Krankenwagen. Ich könnte dich danach mit deinem Schlauchboot dorthin bringen, wo du deine Bootsfahrt begonnen hast. Möchtest du das?«

Wieder nickte Herkules.

»Dann komm her. Beeil dich bitte.«

Mit schmerzenden Muskeln kletterte Herkules an Deck.

Als sie das Ufer erreichten, war der Notarzt schon da. Nach der ersten Untersuchung fuhren Mutter und Kinder im Rettungswagen ins Krankenhaus.

»Was für ein Albtraum«, flüsterte der Mann. Er drehte sich zu Herkules. »Die Zwillinge haben unter Deck Mittagsschlaf gehalten, deshalb trugen sie keine Rettungswesten. Meine Frau war so müde, dass sie selbst kurz eingenickt ist und nicht gemerkt hat, wie die beiden aus der Kajüte geschlichen sind. Die Tür war eigentlich verriegelt, aber irgendwie müssen die zwei es geschafft haben, den Haken zu lösen. Ich weiß nicht, ob ich jemals wieder Boot fahren möchte. Am besten verkaufen wir das Ding.«

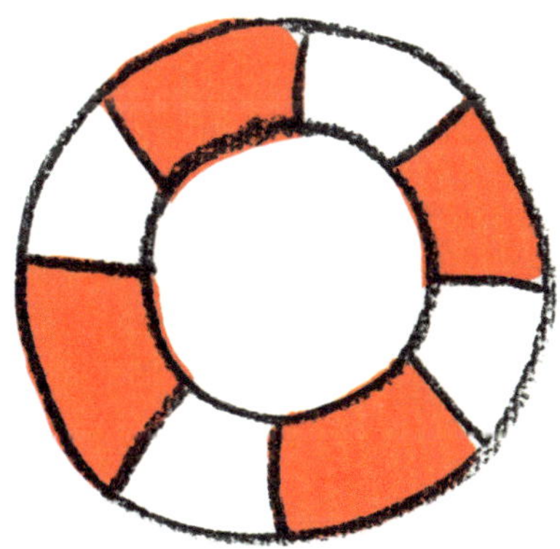

IX. Spaghetti und Pläneschmieden

»Hier will dich jemand sprechen«, sagte Tom und hielt Herkules sein Handy hin. Herkules stieg aus der Dusche, wickelte sich ein Handtuch um die Hüften und nahm Toms Telefon. Es war auf laut gestellt.

»Hast du es wirklich getan? Hast du die Zeit angehalten?«, hörte er Milan brüllen.

»Bestimmt!«, rief Paula dazwischen. »Ich meine, eben saßen wir noch beisammen, und im nächsten Moment warst du mit deinem Rad verschwunden.«

»Ja, nur noch dein Handy und mein Fernglas lagen da, wo du gestanden hattest«, fügte Milan hinzu. »Ich habe mir das Fernglas geschnappt und dich auf der ›Pompeji‹ in der Bucht gesehen. Was genau hast du gemacht? Wer war die Familie, die dich mitgenommen hat? Und wozu der Krankenwagen?«

Herkules wischte sich einen Wassertropfen vom Kinn. Ehe er antworten konnte, sprach Paula: »Wir sind noch in unserer Hütte. Kommst du zurück, oder wollen wir uns in der Stadt treffen? Wir haben deine Sachen.«

Schon der Gedanke, sich wieder aufs Fahrrad zu schwingen, strengte Herkules an. »Tut mir leid, ich bin fertig. Könnt ihr zu mir kommen? Wir setzen uns auf den Balkon, und ich erzähle euch alles.«

»Kein Problem«, antwortete Paula. »Wir packen zusammen und beeilen uns.«

Milan seufzte laut. »Natürlich beeilen wir uns und brettern im Laura-Paula-Tempo durch die Stadt. Wir wollen schließlich nicht, dass unsere liebe Paula oder meine Wenigkeit vor Neugier platzen.«

»Gut. Bis gleich.« Herkules legte auf.

Tom stand noch immer im Badezimmer und zog eine Augenbraue hoch. »Du hast die Zeit angehalten? Respekt.«

Herkules' Magen knurrte laut. »Du kannst gern zuhören, wenn die anderen da sind. Vorher muss ich mich anziehen und etwas essen.«

»Ich werde uns mal Spaghetti kochen«, sagte Tom und ging in die Küche. »Eine Portion für Milan, eine für mich, zwei für dich und drei für deine ewig hungrige Freundin. Ganz ehrlich, die Frau hat einen Appetit zum Fürchten.«

Herkules lief in sein Zimmer, um sich anzuziehen. Im Flur stand sein linker Turnschuh. Den rechten hatte er bei der Rettungsaktion verloren. Ausgerechnet diese Sneakers! Sie waren ziemlich neu gewesen und richtig cool. Seine Mutter würde, wenn er ihr alles erzählte, stolz auf ihn sein und bestimmt nicht schimpfen. Trotzdem kosteten neue Schuhe Geld. Geld, das sie momentan nicht hatten.

Herkules stöhnte. Wahrscheinlich würde sie ihm ein Paar Billigschuhe vorschlagen, wohl wissend, dass er die nicht mochte. Und er würde diesmal nicht protestieren, wohl wissend, dass sie wusste, wie hässlich er die Dinger fand. Und sie wäre traurig für ihn, weil sie ihn gerade jetzt gern verwöhnen würde, wo er zwei Menschenleben gerettet hatte. Und er würde versuchen, sie zu trosten, und ihr versichern, dass die Rettung dieser süßen kleinen Kinder Belohnung genug sei. Vielleicht sollten alle Menschen barfuß laufen, dann gäbe es diese Probleme nicht.

Er zog sich ein T-Shirt über den Kopf, kramte im Schrank nach sauberen Shorts, legte sich aufs Bett und spürte, wie ihm die Augen zufielen und er langsam wegdöste.

Im nächsten Moment riss ihn die Klingel aus dem Schlaf. Herkules sah auf die Uhr. Paula und Milan mussten wirklich Gas gegeben haben. Hastig stieg er in seine Shorts und öffnete die Wohnungstür.

»Deckt schon mal draußen den Tisch!«, rief Tomputer aus der Küche.

Wenig später saßen sie zu viert auf dem Balkon. Während Tom Pasta auf ihre Teller lud, erzählte Herkules ihm von Sumpftante Hasras Vision und Didinis Geschenk. Dann berichtete er von den Kleinkindern und ihrem Unfall.

»Wahnsinn«, sagte Paula. »Es muss gruselig gewesen sein, die beiden auf dem Grund zu finden.«

Milan streute Parmesankäse auf seine Spaghetti. »Was ich nicht verstehe, ist, warum die Eltern dich nicht mit Fragen gelöchert haben. Ich meine, wenn man fast seine Kinder verloren hat, will man doch genau wissen, was passiert ist. Ihnen hätte auffallen müssen, dass es eigentlich unmöglich war, in so kurzer Zeit zwei

Menschen aus dem Wasser zu ziehen. Aber wie du es beschreibst, hat der Vater dich mit seinem Boot nach Hause gebracht, ohne viel nachzuhaken. Findet ihr das nicht seltsam?«

Paulas Teller war bereits halbleer. »Wahrscheinlich war der arme Mann so durch den Wind, dass er nichts anderes wollte, als Herkules abzusetzen und seine Familie im Krankenhaus zu besuchen«, sagte sie.

»Kann sein«, meinte Tom. »Trotzdem wird es ihm früher oder später auffallen. Was willst du ihm sagen, Herkules?«

»Keine Ahnung.« Herkules stocherte in seinem Essen herum. »Vielleicht meldet er sich nicht mehr«, fügte er hinzu, obwohl er es selbst nicht glaubte. Der Mann hatte ihm die »Pompeji« in den Keller getragen, sich die Telefonnummer seiner Mutter geben lassen und dreimal versichert, er werde anrufen.

Schweigend aßen sie, bis Tom aufstand. »Ich habe gekocht, ihr räumt auf.«

»Themawechsel«, verkündete Paula, kaum dass Tomputer nach drinnen gegangen war. »Milan und ich haben zwar keine Heldentat vollbracht, dafür aber den Kerl mit dem Müll gesehen.«

»Genau«, unterbrach Milan sie, »auf dem Weg zu dir ist uns der Lieferwagen entgegengekommen. Als der Mann direkt auf Paulas Höhe war, hat sie ihn von der Seite mit dem Handy fotografiert. Der Fahrer hatte es so eilig, dass er nur geradeaus geschaut und es nicht bemerkt hat. Außerdem haben wir das Kennzeichen fotografiert.«

»Ich weiß bloß nicht, was wir als Nächstes machen«, warf Paula ein. »Wir wollten so schnell wie möglich zu dir. Erst hinterher ist uns eingefallen, dass wir ihn hätten verfolgen und beim Entladen filmen sollen. Jetzt haben wir immer noch keine Beweise, um zur Polizei zu gehen. Selbst wenn wir morgen frischen Müll finden, wäre das ein bisschen dünn.«

Milan widersprach: »Wir sollten trotzdem zur Polizei gehen, wenn mehr Säcke im Wald liegen. Der Mann kann doch nicht einfach seinen Dreck dort lassen. Vielleicht schreckt es ihn ab, wenn die Polizei ihn verhört.«

»Und wenn sie ihn laufen lassen muss?«, entgegnete Paula. »Dann fühlt er sich besonders schlau und macht weiter. Ich wünschte, ich hätte auch Superkräfte. Dann würde ich den Mistkerl aufspüren, ihn aus seinem Wagen zerren und in seinem ganzen Müll baden lassen!«

In diesem Moment landete Jonathan auf der Balkonbrüstung. »Mistkerl?«, fragte er. »Wer, meine Freunde?«

Herkules, Milan und Paula sahen sich an. Sollten sie dem Geist von ihrem Geheimversteck erzählen? Dem einzigen geister- und erwachsenenfreien Dach über dem Kopf, das sie hatten? Andererseits lag es so weit vom Fluss und dem Schienennetz entfernt, dass Jonathan sowieso nicht hinkäme. Natürlich würde er Didini alles brühwarm weitersagen, aber die würde nur in Notfällen kommen. Didini hatte ein sehr feines Gespür dafür, wann sie erwünscht war und wann nicht.

»Okay«, sagte Herkules, »es gibt da ein Problem und womöglich kannst du uns helfen.« In wenigen Sätzen schilderte er, worum es ging.

»Was für ein Unhold!«, empörte sich Jonathan. Er war so wütend, dass die Glocke an der Balkontür Sturm bimmelte, ohne dass jemand sie berührt hatte.

Mit Mühe konnte Paula ihn beruhigen. »Ich bin sicher, wir finden einen Weg, den Mann zu stoppen. Aber zuerst müssen wir mehr über ihn herausfinden.«

»Wir könnten warten, bis er wieder im Wald auftaucht, und ihn dann verfolgen«, schlug Herkules vor.

Milan winkte ab. »Das wäre ziemlich auffällig, und in der Stadt würde er uns abhängen.«

»Ich könnte ihn suchen«, bot Jonathan an. »Zeigt mir sein Foto und das Nummernschild.«

Paula holte ihr Handy aus der Hosentasche und hielt es ihm hin. »Sobald du die Adresse hast, sag uns Bescheid. Dann sehen wir weiter.«

Milan war nicht überzeugt. »Selbst wenn du ihn findest, Jonathan: Was, wenn er nicht neben den Schienen oder dem Fluss wohnt? Wie willst du ihm folgen?«

Theatralisch hob der Geist seine Arme. »Milan, du vergisst meine bessere Hälfte. Niemand kann Didini abschütteln. Sobald sie zurück ist, legen wir uns auf die Lauer. Außerdem ist meine Schwester Bettine zu Besuch, wobei ich sie bisher nicht viel zu sehen bekommen habe. Sie beißt sich an Wotan von Nobelnobels Rasselkette die Zähne aus.«

»Wo steckt denn Didini?«, fragte Milan.

»Sie trifft sich gerade mit Sumpftante Hasra. Auch wenn Herkules sich nicht damit brüstet, spricht sich eine Tat, wie er sie vollbracht hat, herum. Die ganze Geisterschaft redet von nichts anderem.«

X. Die Retourkutsche

Am folgenden Tag erwachte Herkules gegen Mittag. Zum ersten Mal, seit Jonathan ihm den Gutschein überreicht hatte, fühlte er sich richtig erholt. Kein nächtliches Grübeln mehr, kein Hin- und Herwälzen.

Hungrig lief er in die Küche. Seine Mutter räumte gerade den Geschirrspüler aus. »Paula hat angerufen. Sie fragte, ob du heute Zeit hast. Ich war so frei, sie einzuladen. War das richtig? Sie holt Brötchen und müsste bald da sein.«

»Genau richtig.«

Paula brachte nicht nur Brötchen, sondern auch Milan mit, sodass sie zu dritt auf dem Balkon frühstückten. Entspannt blickte Herkules in die Runde. Paula und Milan hatten bis zum Abend Zeit. Seine Mutter hatte ihm sämtliche Arbeit im Haushalt erlassen. Die Sonne schien. Ein Tag voller Möglichkeiten lag vor ihnen.

Milan war zuerst satt. »Seid ihr bald fertig?«, fragte er ungeduldig. »Ehrlich, Paula, wo geht das alles hin? Das ist jetzt das fünfte Brötchen. Füttern dich deine Eltern nicht genug?«

»Ich weiß nicht, was dein Problem ist«, gab Paula zurück. »Es schmeckt mir. Außerdem macht Essen mich weder dick noch satt. Das ist bei mir fast so wie mit der Medizin, die wirkt bei mir nicht. Und wenn ich wachse, bin ich besonders hungrig.«

In diesem Moment schlurfte Tomputer auf den Balkon und setzte sich wortlos neben Paula auf die Bank. Er hielt einen großen Becher Kaffee in der Hand und gähnte.

Plötzlich ertönte über ihnen eine Stimme: »Es gibt fantastische Neuigkeiten!«

Jonathan saß mit Didini auf dem fliegenden Teppich und hampelte so wild herum, dass er beinahe heruntergefallen wäre. »Wir haben den Halunken gefunden! Kurz nach Sonnenaufgang fuhr er mit seinem Lieferwagen am Bahnhof vorbei. Vermutlich hat er gerade eine neue Fuhre im Wald abgeladen, jedenfalls war das die Richtung, aus der er kam. Wir sind ihm gefolgt und haben herausgefunden, wo er wohnt: im Norden der Stadt, nur wenige Meter von der Straßenbahn entfernt. Was jetzt?«

»Wir könnten die Polizei rufen«, schlug Herkules vor. »Vielleicht findet sie Spuren vom Müll im Lieferwagen.«

»Was willst du damit beweisen?«, entgegnete Milan. »Das Auto unseres Nachbarn sieht auch aus wie eine fahrende Mülltonne, trotzdem tut er nichts Verbotenes.«

Paula schlug mit der Faust auf den Tisch. »Ich hab's: Wir fliegen in den Wald und bringen ihm den Müll zurück!«

Jonathan rieb sich die Hände. »Großartige Idee. Meinst du nicht auch, Didini? Oder ist dein Teppich zu schade für einen solchen Transport?«

Didini legte den Kopf zur Seite. »Eigentlich ist das gute Stück viel zu kostbar. Doch mir fällt schon etwas ein.« Sie steuerte den Teppich direkt neben den Balkontisch. »Lasst uns zur Tat schreiten. Seid ihr soweit und kommt mit?«

Herkules und Milan ließen sich das nicht zweimal sagen und standen auf. Doch Paula wies auf die vollgekrümelten Teller. »Klar kommen wir mit«, antwortete sie mit vollem Mund, »sobald wir den Tisch abgeräumt haben.«

Sie beeilten sich so sehr, dass Tomputer, der gerade erst mit dem Frühstück begonnen hatte, die Erdnussbutter festhalten musste. »Ich bin noch nicht fertig«, protestierte er. »Zieht ab, den Rest erledige ich!«

Wie aus dem Nichts landete Bettine von Nobelnobel auf der Balkonbrüstung. »Verpasse ich was?«, fragte sie und ließ die Beine baumeln. »Hier ist ja richtig was los.«

»Wir gehen auf Verbrecherjagd«, antwortete Herkules und kletterte auf den Teppich.

»Darf ich mitkommen? Ich könnte euch helfen.«

Herkules blickte zu Jonathan. Man musste nicht annähernd so einfühlsam sein wie Paula, um zu merken, dass dem Geist das Angebot seiner Schwester überhaupt nicht passte. Streit lag in der Luft.

Ehe Jonathan zu einer Antwort ansetzen konnte, kam ihm Didini zuvor. »Das ist wirklich lieb von dir, Bettine. Aber wir müssen schnell los und zum Erklären bleibt keine Zeit. Jonathan kann vielleicht nicht so phänomenal spuken wie du, doch das eine oder andere bekommt er sehr gut hin.«

Tom murmelte etwas Unverständliches.

Bettine sank in sich zusammen. »Natürlich, ich will mich nicht aufdrängen.« Die Enttäuschung in ihrer Stimme war nicht zu überhören.

»Du drängst dich überhaupt nicht auf«, sagte Paula. »Im Gegenteil, wir haben uns schon gefragt, wo du steckst. Nur jetzt passt es nicht so gut.«

Zu Herkules‘ Überraschung mischte Tom sich ein: »Überlass deinem Bruder die Show, Bettine. Bei aller Liebe brauchen Geschwister manchmal ihre eigenen Abenteuer. Warum suchst du nicht zur Abwechslung die Gesellschaft eines vernunftbegabten Wesens und spielst mit mir eine Runde auf dem Computer?«

Bettines Miene hellte sich auf.

Ungeduldig klopfte Didini mit der Quaste ihres Löwenschwanzes auf den Teppich. »Können wir jetzt aufbrechen?«

Sekunden später flogen Herkules, Milan, Paula und Didini durch die Stadt. Jonathan, der ihnen nicht folgen konnte, als sie sich von Fluss und Straßenbahnschienen entfernten, winkte ihnen nach. »Bis gleich!«

Didini warf ihm einen Luftkuss zu und flog mit den Kindern aus der Stadt. Tief unter ihnen erstreckte sich der Wald. Ein grünes Meer von Bäumen, durch das sich Schneisen zogen.

»Dort ist der Hauptweg!«, schrie Paula gegen den Fahrtwind und deutete nach unten. »Dem müssen wir folgen.«

Im Sinkflug verlor der Teppich an Höhe, bis sie dicht über den Baumwipfeln flogen.

»Tiefer!«, rief Milan. »Wir müssten gleich da sein.«

Herkules sah sich nach allen Richtungen um. Didini hatte keinen Tarnzauber ausgesprochen. Zum Glück war der Weg menschenleer. Nur ein paar Wildschweine rannten aufgeschreckt ins Unterholz, als der Teppich an ihnen vorbeisauste.

Im nächsten Augenblick entdeckte Herkules den Müllhaufen. Didini musste ihn auch gesehen haben, denn sie hielt abrupt an. Inzwischen türmte sich noch mehr Abfall, mindestens zehn prallvolle Plastiksäcke waren dazugekommen. Ganz oben auf dem Haufen lag ein Feuerlöscher.

Didini rümpfte die Nase. »Es wird höchste Zeit, dass hier jemand aufräumt. Und wenn es meinen Teppich ruiniert – wir nehmen das Zeug mit und geben es dem Mann zurück. Per Luftpost.«

Herkules konnte es kaum glauben. Normalerweise war Didini sehr pingelig, wenn es um ihren Teppich ging. Nie erlaubte sie den Kindern, während der Fahrt zu essen oder zu trinken. Nicht einmal einen Weihnachtsbaum hatte sie damit transportieren wollen, weil der angeblich Harzflecken hinterlassen hätte.

Ihre Schwanzquaste zuckte nervös. »Zu dumm, dass ich keine Plane habe«, murmelte sie. »Aber was sein muss, muss sein.«

Milan, Herkules und Paula tauschten Blicke.

»Wir hätten da etwas ganz in der Nähe«, sagte Milan. »Etwa dreißig Meter hangabwärts haben wir eine Hütte gebaut. Die hat eine Plane.«

Didini gab Gas. Als sie die Hütte erreichten, schleuderte sie Äste und Blätter, die das Dach bildeten, mit einer einzigen Handbewegung zur Seite und griff nach der Plane.

Entsetzt starrten die Kinder auf das, was bis eben ihr Geheimversteck gewesen war.

»Das sieht schlimmer aus, als es ist«, beteuerte Didini. »Ich werde alles wieder aufbauen.«

»Hoffentlich«, murmelte Milan. Herkules schluckte.

Doch ihnen blieb keine Zeit zum Trauern. Wie eine Rakete schoss der Teppich zurück zu der kleinen Mülldeponie. Didini bat Herkules und seine Freunde abzusteigen und breitete die Plane auf dem Teppich aus. Dann flüsterte sie Worte in einer fremden Sprache, woraufhin Teppich und Abdeckung fünfmal so groß wurden.

»Bestens.« Sie klatschte in die Hände. Mit jedem Klatschen hob sich ein Sack oder etwas Sperrmüll und schwebte auf den Teppich. Schließlich lag nichts mehr auf dem Waldboden. Mit einem letzten Klatschen richtete Didini die plattgedrückten Pflanzen wieder auf.

»Aufsteigen!«, befahl sie und wies auf die Ecke, die noch frei war.

Diesmal flogen sie zum Bahnhof, wo sie Jonathan trafen. Herkules hielt sich die Nase zu. Ihre Fracht stank gewaltig, selbst der frische Fahrtwind trug nicht viel dazu bei, den Geruch abzumildern. Zu fünft folgten sie den Schienen nach Norden zu einer Neubausiedlung.

Jonathan zeigte auf ein strahlend weißes Reihenhaus mit frisch gemähtem Rasen unweit der Straßenbahnlinie. »Hier wohnt der Schurke.«

»Unser Dreckskerl lebt in einer sehr sauberen Umgebung«, bemerkte Milan.

»Nicht mehr lange«, verkündete Paula. »Jonathan, wärst du so lieb und verleihst diesem langweiligen grünen Rasen ein paar bunte Tupfer?«

»Nichts lieber als das.«

Ehe Herkules sichs versah, schnipste der Geist mit den Fingern. Ein Müllsack sauste zum Vorgarten und platzte direkt darüber. Sein Inhalt regnete auf die Grasfläche. Noch ein Schnipsen und der nächste Sack flog hinterher. Schnipsen, Sack, Schnipsen, Sack – Jonathan hörte erst auf, als auf dem gesamten Grundstück jeder Grashalm bedeckt war.

Schließlich wandte er sich Didini zu. »Verzeih meine Liebe, ich war selbstsüchtig und habe mich vorgedrängelt. Möchtest du weitermachen?«

»Gerne, mein Schatz.« Sie sah Milan und Herkules fragend an: »Irgendwelche Vorschläge?«

»Ich bin für Mülltrennung«, sagte Milan und musterte den Haufen auf dem Teppich. »Mal sehen: Was gehört wohin?« Er wies auf die benutzte Kloschüssel. »Das muss ins Bad.«

Mit einer Armbewegung öffnete Didini alle Türen und Fenster. Schon schwebte die Schüssel ins Badezimmer und landete auf der bereits vorhandenen Toilette.

»Kissen?«, fuhr Didini fort. »Die gehören ins Wohnzimmer.« Im nächsten Moment lagen sieben stinkende Kissen auf dem Sofa.

»Was ist mit dem alten Ding da hinten?«, fragte Herkules und zeigte auf einen rostigen Herd mit Ofen.

»Küche!«, antworteten Jonathan und Milan wie aus einem Mund.

Schon sauste der Herd in die Küche und blockierte den Kühlschrank. Dabei hätte er um ein Haar den Mann getroffen, der sich gerade ein Glas Milch einschenkte. Herkules erkannte den Fahrer des Lieferwagens wieder.

»Vorsicht!«, warnte er.

»Richtig«, sagte Didini. »Wir wollen niemanden verletzen. Auch wäre es besser, wenn der Mann uns nicht sieht.« Mit einem Wink ließ Didini Geister und Kinder unsichtbar werden. Dann hob der Mann ab und flog auf die Mülltonne im Vorgarten, wo er sanft landete. Fassungslos saß er auf der gelben Tonne und sah zu, wie sich sein Haus mit all dem Unrat füllte, den er in den Wald gebracht hatte.

Waschmaschine, Farbeimer, Matratzen, Schuhe, alles fand seinen Platz, bis die Räume so voll waren, dass niemand sie betreten konnte. Nur das Kinderzimmer blieb verschont.

»Du hast das Sahnehäubchen vergessen«, säuselte Jonathan und schnipste mit den Fingern. Der Feuerlöscher, den Didini in den Hausflur befördert hatte, schoss heraus und schwebte über dem Haus. Literweise sprühte Schaum heraus, bis das Dach aussah, als läge eine dicke Schneeschicht darauf.

»Es ist noch ein bisschen früh, meine Liebe«, erklärte Jonathan, »aber ich weiß doch, wie sehr du Weihnachten liebst. Soll ich dir noch einen Schneemann bauen?«

»Gerne, mein Schatz.«

Als Jonathan fertig war, flogen sie zur gelben Tonne, auf der der Mann mit weit aufgerissenen Augen saß und sich nicht vom Fleck rührte.

»Viele Grüße von den Bewohnern des Waldes«, zischte Paula. Sie musste ihm direkt ins Ohr geflüstert haben, denn der Mann zuckte entsetzt zusammen und wäre fast von der Tonne geflogen. »Ich hoffe, du weißt jetzt, wie es sich anfühlt, wenn einem das Zuhause vermüllt wird.«

Panisch blickte der Mann sich um. »Ich wollte doch bloß etwas dazuverdienen«, stammelte er. »Eigentlich wollte ich es nur einmal tun. Aber die Leute haben so gut gezahlt.«

»Das ist keine Entschuldigung, du Obstkuchen!«, fauchte Jonathan. »Wenn du es wagst, noch ein einziges Taschentuch in der Natur liegen zu lassen, kommen wir wieder!«

Der Mann zitterte und schnappte nach Luft.

»Genug«, wisperte Milan, »sonst kriegt er einen Herzinfarkt.«

Didini murmelte etwas, und der Teppich stieg in die Höhe.

Herkules blickte nach unten. »Sind wir nicht etwas zu weit gegangen? Sein Haus ist jetzt unbewohnbar.«

Jonathan wiegelte ab. »Keine Sorge, heute Nachmittag werden wir ihm beim Aufräumen helfen. Aber bis dahin soll er sich mal ein paar Gedanken machen.«

XI. Besuch einer alten Dame

Sie näherten sich dem Haus, in dem Herkules wohnte, als ihnen vom Balkon eine matschbraune Gestalt zuwinkte. »Sumpftante Hasra!«, entfuhr es Didini. Vor lauter Schreck riss sie den Teppich hoch und drehte einen Looping.

Als Herkules sein Gleichgewicht wiedergefunden hatte, blinzelte er. Nein, er träumte nicht: In einem wallenden, modderfarbenen Kleid und mit riesigen, im Wind schaukelnden Ohrringen, die aussahen, als wären sie aus lebendigen Regenwürmern gewunden, saß die alte Geisterdame auf der Bank und strahlte ihn an. Sie hatte ihre hellbraunen Füße, die in giftgrünen Sandalen steckten, auf den Tisch gelegt. Ihr Lächeln war so breit, dass ihre Augen, ja, ihr ganzes Gesicht, in Lachfalten verschwanden. Neben ihr saß Herkules' Mutter und schenkte sich und ihrem Gast Tee ein.

»Da ist ja unser Held!«, rief Tante Hasra und schoss einen Meter in die Höhe. »Setz dich zu uns, mein Lieber.« Sie griff ihm unter die Arme und zog ihn auf einen der Stühle.

Didini und Jonathan verabschiedeten sich hastig. »Wir müssen Milan und Paula nach Hause bringen, sonst machen sich ihre Eltern Sorgen. Bis bald!«

Weg waren sie.

»Feiglinge«, dachte Herkules.

Sumpftante Hasra rührte ihre Tasse nicht an. Stattdessen griff sie nach der edlen Kanne aus Meissener Porzellan, nahm den Deckel ab und schwenkte die Kanne hin und her. »Sehr aufmerksam, liebe Eva. Ich liebe es, aus Teeblättern zu lesen!«

Während sie Herkules in höchsten Tönen lobte und ihm und seinen siebzehn Kindern eine ruhmreiche Zukunft weissagte, lächelte seine Mutter ihm verschmitzt zu. Offensichtlich fand sie ihren Gast unterhaltsam. Kein Wunder, ihr Auftritt glich einem kleinen Theaterstück mit Musik. Hasra redete so blumig und melodisch, dass es wie ein Singsang klang. Dabei wedelte sie unentwegt mit ihren weiten Ärmeln und verströmte einen überwältigenden Duft von Aftershave, bis Herkules sich ganz benebelt fühlte.

Plötzlich gab Sumpftante Hasra ihm einen Klaps aufs Bein. »Du bist erschöpft. Kein Wunder, Heldentum strengt an. Das verstehe ich nur zu gut. Zeit, mich zu verabschieden.« Sie wandte sich seiner Mutter zu. »Allergrößten Dank für deine Gastfreundschaft, liebe Eva. Mein drittes Auge sagt mir, dass wir uns in nicht allzu ferner Zukunft wiedersehen werden. Also dann, meine verehrten Freunde, gehabt euch wohl!« Sie zwinkerte Herkules zu und war im selben Augenblick verschwunden.

Benommen ging Herkules in sein Zimmer und zog die Tür hinter sich zu. Nach all den Erlebnissen brauchte er Ruhe.

Doch kaum lag er auf seinem Bett, klopfte es.

»Herein!«, rief er.

»Ist sie wirklich weg?«, fragte Tomputer und ließ seinen Blick unter das Bett schweifen.

»Ja.«

Tom kam herein, gefolgt von Bettine.

»Bisher dachte ich, unser grüner Freund sei verrückt. Aber der ist nichts gegen diese übergeschnappte alte Sumpfgurke«, sagte Tom.

Herkules drehte sich vom Rücken auf die Seite. »Du bist gemein. Sie ist nur ein bisschen anders. Im Grunde genommen ist sie ganz lieb.«

»Oh nein!«, mischte Bettine sich ein. »Seit Tante Hasra ihren Sumpf verlassen hat, ist sie größenwahnsinnig. Schon dieser Gestank! Sie glaubt, Rasierwasser verstärke ihre spirituellen Kräfte. Wahrscheinlich habt ihr es nicht bemerkt, weil Tante Hasra schneller ist, als das menschliche Auge es erfassen kann. Aber sie hat ständig eine kleine Flasche aus ihrem Ärmel gezogen und sich damit eingesprüht.«

Herkules schob sich ein Kissen unter den Kopf. »Trotzdem finde ich es übertrieben, dass Didini und Jonathan sofort die Flucht ergriffen haben. Ihr könntet ruhig ein bisschen netter zu ihr sein.«

Bettine schnitt eine Grimasse. »Du bist der Einzige, dem sie etwas Gutes prophezeit hat. Alle anderen treibt sie mit ihren ständigen Horrorvisionen in den Wahnsinn. Die arme Didini ist fix und fertig, weil Tante Hasra ihre Abreise schon dreimal verschoben hat. Der spukbehördliche Räumungsdienst war auch schon da, weil ihre magische Bleibeerlaubnis abgelaufen ist. Tante Hasra hat dem Beamten prophezeit, dass er zur Teutonischen Geisterbahn strafversetzt und Zugführer wird, wenn er sie weiterhin belästigt. Und da sie jetzt zum ersten Mal mit ihrer Vision richtig lag, hat der Mann sich nicht getraut durchzugreifen. Aber wenn du sie so reizend findest, kannst du sie gerne bei dir aufnehmen. Das wäre dann deine zweite Heldentat in einem Sommer.«

»Auf keinen Fall«, sagte Tom mit aller Bestimmtheit, »jedenfalls nicht, solange ich hier wohne.«

Auch Herkules hatte keine Lust, Tag für Tag in den Genuss von Tante Hasras Gesellschaft zu kommen. »Was ist eigentlich so schlimm daran, Zugführer bei der Teutonischen Geisterbahn zu sein?«, fragte er, um das Thema zu wechseln.

»Es ist der langweiligste Job der Welt«, antwortete Bettine. »1875 sollte der erste Zug starten. Inzwischen hat er knapp hundertfünfzig Jahre Verspätung, weil niemand den Zug baut und man lieber jedes Jahr den Fahrplan aktualisiert. Apropos Verspätung – ich muss los!«

XII. Im Tortenland

Am nächsten Morgen spürte Herkules, wie jemand sanft seine Schulter antippte. »Aufstehen, Murmeltier! Es ist halb zehn«, raunte ihm seine Mutter ins Ohr.

Halb zehn? Und wenn schon. »Lass mich schlafen. Es sind Ferien, da kann man so lange im Bett bleiben, wie man will.«

»Heute nicht. Gleich treffen wir uns mit der Familie, deren Kinder du gerettet hast. Ich habe mit dem Vater telefoniert. Er will dich unbedingt sehen.«

Auch das noch. »Wann?«, fragte Herkules und rieb sich die Augen.

»In einer Dreiviertelstunde. Sie laden uns ein. Ins ›Tortenland‹, da gibt es auch Frühstück.«

Ins »Tortenland«! Das war ein Grund zum Aufstehen. Trotzdem war Herkules nicht wohl bei der Sache. »Was sage ich, wenn die Eltern fragen, wie ich ihre Kinder gerettet habe?«

Seine Mutter hielt kurz inne. Dann meinte sie zögernd: »Eigentlich bin ich gegen Lügen. Doch in diesem Fall haben wir wohl keine Wahl. Wie wäre es, wenn du sagst, dass alles so schnell gegangen ist und du es dir selbst nicht erklären kannst?«

Das war dünn, aber vielleicht würde er damit durchkommen. Die Eltern konnten ihn schließlich nicht dazu zwingen, die Wahrheit zu sagen.

Also Zähneputzen, Katzenwäsche, Deo auftragen. Shorts, Unterhose und T-Shirt anziehen. Haare kammen. Herkules war schon eine Weile nicht mehr beim Friseur gewesen, doch Paula hatte recht: Längere Haare standen ihm.

Nur seine Füße waren ein Problem. Ratlos schaute er sich im Flur um. Seine Mutter wartete an der offenen Wohnungstür. Sie hatte sich zurechtgemacht und trug ein leuchtend rotes Kleid. Es war Monate her, dass sie essen oder ins Café gegangen waren. Die Restaurants waren noch viel länger geschlossen gewesen als die Friseure.

»Was suchst du?«, fragte sie ungeduldig.

»Schuhe. Ich kann ja schlecht barfuß gehen.«

Sein Turnschuh lag einsam auf der Fußmatte. Am Vortag war er ohne Schuhe ausgekommen, da hatte er nur auf Didinis Teppich gesessen. Aber heute waren nackte Füße keine Option.

»Dann nimm die Badelatschen«, sagte seine Mutter. »Es wird ohnehin so heiß, da fällt es nicht auf.«

Auf dem Weg zum Café fühlte Herkules sich wie ein Idiot. Die rot-weißen Dinger an seinen Füßen waren einfach nur peinlich und passten überhaupt nicht zu seinem blauen T-Shirt. Natürlich musste er niemanden beeindrucken. Schließlich hatte er die Kinder gerettet und durfte sich wie ein Held fühlen. Aber wenn er an all die Superhelden dachte, die er aus Filmen kannte, fiel ihm kein einziger ein, der die Welt in Badeschlappen gerettet hatte.

Zum Glück war die Fußgängerzone fast leer. Kaum hatten sie das Café erreicht, winkte ihnen von einem der Tische draußen ein Paar mit zwei Kindern zu. Der Vater nahm seine Tochter vom Schoß und stand auf.

»Schön, dass ihr gekommen seid«, begrüßte er Herkules und seine Mutter.

Für einen kurzen Moment streckte er ihnen die rechte Hand entgegen, zog sie dann aber zurück. Herkules überlegte, wann die Menschen sich wohl wieder unbefangen die Hände schütteln würden, ohne zu fürchten, sich dadurch anzustecken.

»Darf ich vorstellen«, fuhr der Mann fort, »das ist meine Frau Jana, das sind unsere Zwillinge Hardy und Greta, und ich bin Bela.«

Jana hatte sich ebenfalls erhoben und strahlte in die Runde. Hardy und Greta drückten sich an die Beine ihrer Eltern und beäugten Herkules aus sicherer Entfernung.

»Danke für die Einladung«, erwiderte Herkules' Mutter. »Meinen Sohn kennt ihr ja schon. Ich heiße Eva.«

Es war ein wenig merkwürdig, mit wildfremden Menschen an einem Tisch zu sitzen. Die drei Erwachsenen tauschten sich über das Wetter, die Schließung von Kindergärten und Schulen und die Frage aus, was man in den Ferien machen sollte, wo so vieles geschlossen war. Herkules lauschte ihnen stumm, während die Kleinen jede seiner Bewegungen verfolgten. Es war nicht zu übersehen, dass seine Mutter und Jana sich auf Anhieb mochten. Im Laufe des Gesprächs stellten sie fest, dass sie mehrere gemeinsame Bekannte hatten und es geradezu erstaunlich war, dass sie sich nicht früher begegnet waren.

Als Jana auf das Motorboot zu sprechen kam, mit dem sie nie wieder einen Ausflug machen wollte, war Herkules drauf und dran, nach der Toilette zu fragen.

Glücklicherweise unterbrach Bela seine Frau: »Lass uns nicht mehr darüber reden, Schatz. Herkules sieht schon ganz blass aus. Ich glaube, es war für ihn eine genauso traumatische Erfahrung wie für uns. Außerdem haben die Kinder Hunger. Wir sollten bestellen.«

Beim Studieren der Speisekarte taute Herkules auf. Er suchte sich ein großes Stück Erdbeersahnetorte aus und ignorierte das Stirnrunzeln seiner Mutter. Daraufhin bestanden die Zwillinge darauf, ebenfalls Torte zu bekommen. In kürzester Zeit waren die beiden von oben bis unten mit Buttercreme vollgeschmiert. Als Gretas Kakao über ihre Hose floss, heulte sie wütend auf und kletterte erst auf den Schoß ihrer Mutter und dann auf den ihres Vaters, ehe sie sich mit ihrem Bruder um den Keks prügelte, der mit Belas Milchkaffee serviert worden war. Am Ende war die ganze Familie mit Essensresten übersät.

»Tut mir leid, wir arbeiten noch an den Tischmanieren«, entschuldigte sich Bela. Wirklich zu stören schien es ihn nicht, er wirkte eher amüsiert.

Im nächsten Moment spürte Herkules zwei klebrige Hände an seinem linken Fuß.

»Rot!«, brüllte Hardy und streichelte Herkules' Badelatschen. Die hatte Herkules beim Essen ganz vergessen. Sie waren wirklich peinlich. Am liebsten wäre er vor Scham im Boden versunken.

»Hardy lernt gerade Farben«, erklärte Bela und tätschelte seinem Sohn den Kopf.

Jana stieß ihn in die Rippen. »Gib ihm den Karton!«

Bela griff nach einer Tüte unter seinem Stuhl und sagte zu Herkules: »Der Schuh, den du vorgestern verloren hast, lag auf unserem Deck. Er muss aus dem Schlauchboot gefallen sein. Leider ist er im Erbrochenen meiner Kinder gelandet und riecht scheußlich. Ich habe mir erlaubt, ein neues Paar zu besorgen. Gleiche Größe, gleiche Marke. Nicht dasselbe Modell, aber ähnlich.« Er reichte Herkules einen Karton mit einem Paar nigelnagelneuer Schuhe. »Ich hoffe, sie gefallen dir. Wenn nicht, können wir sie umtauschen.«

Herkules zog sie an und strahlte. Um nichts in der Welt hätte er sie umgetauscht. Seine alten Sneakers waren cool gewesen, aber diese waren – superheldencool.

»Danke«, sagte er. »Die ziehe ich nie wieder aus.«

Seine Mutter lächelte ihm zu. Sie war richtig ausgelassen. Als Hardy auch ihr Kleid vollgekrümelt hatte, bat Bela den Kellner um die Rechnung. »Ich denke, wir gehen, ehe die lieben Kleinen sich die Wände vornehmen. Sonst müssen wir noch die Renovierung bezahlen«, erklärte er und grinste.

»Es wäre schön, wenn wir uns wiedersehen«, sagte Jana, als sie sich verabschiedete.

»Sehr, sehr gerne«, antwortete Herkules‘ Mutter.

Dann brachen sie auf, wobei Hardy und Greta lautstark protestierten, weil sie lieber mit Herkules mitgehen wollten und ihre Eltern sie in die entgegengesetzte Richtung zerrten.

Herkules und seine Mutter waren schon fast an der nächsten Ecke, als Bela sie einholte. »Du hast deine Badelatschen vergessen«, rief er außer Atem. Er drückte Herkules die Schlappen in die Hand und wisperte: »Nochmals danke für die Rettung meiner Kinder. Ich habe Jana gesagt, dass wir an dir und dem Schlauchboot vorbeigefahren sind, ehe die Kinder ins Wasser fielen, und du sofort hinterhergesprungen sein musst. Natürlich weiß ich, dass da weit und breit kein Boot war. Aber keine Angst, dein Geheimnis ist in guten Händen.«

XIII. Noch eine Rettung

»Das war exzellent, mein Freund. Du machst große Fortschritte. Ich bin begeistert.«

»Ich habe ja auch einen guten Lehrer, Jonathan.«

Herkules meinte es ernst. In den drei Wochen Nachhilfeunterricht hatte er mehr Französisch gelernt als im gesamten Jahr zuvor. Er sah sich um. Am Wohnzimmertisch klebte ein Zettel, auf dem stand »la table – der Tisch«. Solche Zettel oder Karten mit Vokabeln hatten Jonathan und er überall in der Wohnung verteilt. Ob er wollte oder nicht, ständig sprangen ihm die neuen Wörter ins Auge, sodass er sie sich früher oder später merkte.

»Jonathan, darf ich dich etwas fragen?«

»Natürlich.«

»Bela hat mich nie gefragt, wie ich die Zwillinge in so kurzer Zeit finden und aus dem Wasser ziehen konnte. Er hat mir sogar zugeflüstert, dass mein Geheimnis bei ihm sicher ist. Glaubst du, er ahnt, dass Magie im Spiel war?«

»Bestimmt. Viele Menschen begegnen Geistern. Die meisten vergessen es wieder. Nur die, die mit diesem Wissen umgehen können, behalten es. Ich vermute, dieser Bela gehört ebenso wie du, deine Familie und deine Freunde zu Letzteren.«

So einfach war das? Das erklärte jedenfalls, warum manche Leute mit Geistern verkehrten, während der Rest der Welt offenbar blind dafür war.

»Mein Freund, ich muss los. Mach dir keine Sorgen. Menschen, die Geister kennen, haben ein gutes Herz.« Mit diesen Worten sauste Jonathan auf den Balkon und verschwand.

Herkules trat ans Fenster und blickte lustlos auf den Fluss. Er fühlte sich leer. Milan und Paula waren beide am Packen. Milans Eltern hatten eine Unterkunft am Alpenrand gefunden, und Paula würde den Rest der Ferien an der Ostsee verbringen. Vor Herkules lag nichts als Langeweile.

Ping! machte sein Handy. Eine Nachricht von Paula. »Halte die Stellung für uns. In der Hütte habe ich für dich eine Packung Kekse versteckt. Viel Spaß beim Suchen!«

Sollte er in den Wald fahren? Didini hatte ihr Versprechen gehalten und die Hütte wieder aufgebaut. Sie hatte es sogar so eingerichtet, dass die Blätter auf dem Dach grün blieben und nicht vertrockneten. Trotzdem konnte er sich nicht dazu aufraffen, aufs Fahrrad zu steigen und hinzufahren. Stattdessen ging er zum Kühlschrank.

»Frustriert?«, fragte ihn seine Mutter. Sie zog ihn vom Kühlschrank weg und nahm ihn in den Arm.

Herkules tat einen Schritt zurück. Er hatte keine Lust, zu reden oder so zu tun, als wäre alles in Ordnung. Natürlich konnte seine Mutter nichts dafür, dass sie nicht verreisten. Trotzdem: Sechseinhalb Wochen Sommerferien zu Hause waren ätzend, vor allem, wenn man seit Monaten kaum herausgekommen war.

»Vielleicht kann ich dich aufmuntern.« Sie rief Tomputer und wartete, bis Tom in die Küche geschlurft kam. An seinem Rücken klebte ein Vokabelzettel, den Jonathan ihm verpasst haben musste: »L'idiot – der Dummkopf«.

Ihre Mutter lächelte. »Es gibt Neuigkeiten«, sagte sie. »Diesmal gute. Nächste Woche fahren wir für vierzehn Tage in die

Lüneburger Heide. Bela und Jana haben dort ein Ferienhaus, in dem wir wohnen dürfen.«

Herkules hatte keine Ahnung, was man in der Lüneburger Heide machen konnte. Egal, Hauptsache, ein Tapetenwechsel.

Seine Mutter fuhr fort: »Jana und Bela wollen kein Geld dafür haben. Da ich aber ein so großes Geschenk nicht annehmen möchte, haben wir uns darauf geeinigt, dass wir die Zwillinge hüten, damit ihre Eltern mal einen ganzen Tag für sich haben. Wir holen die Kinder morgen früh ab. Und mit ›wir‹ meine ich uns drei.«

»Gibt es Schutzanzüge?«, fragte Tomputer, dem Herkules das Frühstück im »Tortenland« genauestens beschrieben hatte.

Seine Mutter hielt ihnen ihr Handy hin. »So sieht das Haus aus. Mit Garten. Seht ihr im Hintergrund die Heidschnucken? Das ist eine besondere Schafsrasse, die in dieser Gegend verbreitet ist.«

Tomputer beugte sich vor und stieß einen Pfiff aus.

Herkules betrachtete das Foto. Es zeigte ein hübsches, kleines Fachwerkhaus mit Garten. Die Heidschnucken interessierten ihn kaum, ganz im Gegensatz zu dem, was sich vor dem Haus befand.

»Für diesen Swimmingpool schlafe ich freiwillig mit den Kindern in einem Bett«, erklärte er.

Die Ferien waren gerettet.

XIV. Zu guter Letzt

Es wurde ein anstrengender Tag. Hatte Herkules sich wirklich vor Langeweile gefürchtet? Hardy und Greta bewiesen ihm, dass man sich im Minutentakt in neue Abenteuer stürzen konnte. Nichts war vor ihrem Entdeckerdrang sicher, vor allem Toms Computer nicht. Deswegen verbrachten sie die meiste Zeit draußen. Allerdings bedeutete das auch, dass sie mindestens zu zweit auf die Zwillinge aufpassen mussten, weil die beiden die Angewohnheit hatten, im selben Augenblick in entgegengesetzte Richtungen zu rennen. Kein Wunder, dass Jana auf dem Boot vor Erschöpfung eingeschlafen war.

Nachdem Bela und Jana ihre Kinder abgeholt hatten, lag Herkules auf dem Sofa und döste vor sich hin. Er war so müde, dass er einfach nur liegen bleiben wollte. Nur kurz die Augen schließen und die Ruhe genießen. Ein Traum.

Leider währte der nicht lange. Ein ohrenbetäubendes Bimmeln ließ Herkules hochschrecken und verwirrt um sich blicken. Ehe er reagieren konnte, öffnete Jonathan die Balkontür. »Verzeih, dass ich so hereinplatze, aber ihr müsst euch sofort fertig machen. In einer Viertelstunde brechen wir auf. Nehmt Decken mit, es könnte auf der Reise frisch werden. Und hol Tom und deine Mutter, sie dürfen sich das auf keinen Fall entgehen lassen.«

»Eine Reise? Wohin?«, fragte Herkules und streckte sich gähnend.

»Nach Paris natürlich«, antwortete Jonathan ungeduldig. »Großcousin Rasputin hat eine Wette verloren und muss heute Nacht nackt auf dem Eiffelturm spuken.« Sein Grinsen wurde immer breiter. »Tante Hasra und ihre sumpfigen Schwestern haben die Dächer und den Luftraum der Umgebung besetzt und verkaufen Sitzplätze an die Meistbietenden. Didini hilft ihnen dabei. Es ist *das* Ereignis des Jahres. Alle nicht ortsgebundenen Geister, die ich kenne, sind dort.«

»Heißt das, du kommst nicht mit?«, fragte Herkules.

»Das heißt es ganz und gar nicht. Meine begnadete Schwester Bettine hat herausgefunden, wie man mit Wotan von Nobelnobels Rasselkette spukt. Frag nicht, wie sie es geschafft hat. Jedenfalls kann sie damit Didinis Teppich schneller fliegen lassen und alle, die darauf reisen, an jeden Fleck der Erde bringen, selbst ortsgebundene Geister wie mich. Ich darf nur nicht den Teppich verlassen. Zu oft und zu lange kann man das nicht machen, aber Bettine meint, für einen Kurztrip nach Frankreich reicht es. Also los, hol Tom und Eva.« Der Geist drehte eine Pirouette. »Die Stadt der Liebe wartet auf uns!«

Als Didini und Bettine erschienen, standen Jonathan, Tomputer, Herkules und seine Mutter bereits auf dem Balkon. Die Dunkelheit setzte ein, die Straßenlaternen waren bereits an.

»Seid ihr bereit?«, fragte Bettine, nachdem alle auf den Teppich geklettert waren. Ohne die Antwort abzuwarten, murmelte sie etwas und schlug die Rasselkette wie eine Peitsche in den wolkenlosen Nachthimmel.

Als wären sie in einen grauen Strudel geraten, drehte sich alles um sie herum. Es gab kein Oben, kein Unten, nur endloses Grau. Herkules verspürte leichte Übelkeit und griff unwillkürlich nach der Hand seiner Mutter. In seinen Ohren dröhnte es.

Im nächsten Moment spuckte der Strudel sie wieder aus und die Welt nahm Konturen an. Unter ihnen lag ein Meer von Häusern. In der Ferne erkannte Herkules den Eiffelturm. Sie waren tatsächlich in Paris.

»Bonsoir!«, brüllte Jonathan. »Guten Abend!«

Herkules wusste nicht, wohin er zuerst blicken sollte. Überall schwebten schlammfarbene Ohrensessel und Sofas, auf denen Geister allein, zu zweit oder zu mehreren lümmelten. Auf einem silbernen Seil, das quer über die Stadt gespannt war, ohne dass Herkules erkennen konnte, wo es anfing und wo es endete, balancierte die größte Big Band, die er je gesehen hatte, und stimmte ihre Instrumente. Tante Hasra flog winkend an ihnen vorbei. Sie trug einen schleimgrünen Bauchladen und verkaufte Schutzbrillen.

War das Urano, der hoch über ihnen eine große Schaukel in die Luft malte und sich draufsetzte?

Plötzlich tauchte eine Gruppe von Geistern auf. Jeder von ihnen trug einen bodenlangen grünen Mantel mit einem Buchstaben in weißer Leuchtschrift. Winkten sie ihm zu?

»Das sind deine Fans«, flüsterte Didini. »Sie haben gewettet, dass du eine Heldentat vollbringst. Der Rektor der Spukakademie hat dagegen gewettet, weil du Jonathans Freund bist und er Jonathan nichts zutraut. Jetzt haben diese Studenten gewonnen und ein Jahr lang schulfrei. Dafür lieben sie dich.«

Mit großem Gejohle bildeten die Geister in den grünen Mänteln eine Reihe. Die Buchstaben begannen zu blinken. Erstaunt las Herkules: »Cool. Cool wie Her-cool-es!«

Die Menge applaudierte, bis die Schrift verblasste.

»Wenn sie ein bisschen mehr Zeit auf der Spukakademie verbracht hätten, wüssten sie, wie man die Buchstaben dreimal so lange blinken lassen kann«, meinte Bettine und rümpfte die Nase. »Was soll's, nicht jeder weiß Bildung zu schätzen.«

Herkules gähnte. Bettine klang wie Milan.

Die Big Band begann zu spielen. Seine Mutter stieß ihn an. »Nicht einschlafen. Sieh mal, der Mond geht auf.«

Jonathan kicherte. »Das ist nicht der Mond. Das ist Rasputin.«

Herkules sah genau hin. Und wirklich, vor ihnen, auf der Spitze des Eiffelturms, leuchtete Großcousin Rasputins gespenstisch weißer Hintern.

Herkules! Wir sind noch nicht fertig!

Du meinst, es fehlen die Angaben zu Anna und Rabea?

Genau.

Ach, Paula, die zwei haben wir doch schon vorgestellt.

Das war im ersten Band, du Döskopp! In »Geister fahren Straßenbahn«.

Dann sollen die Leute eben den ersten Band lesen.

Wie kann man nur so faul sein! Also noch mal: **Anna Eschenhagen** ist die Autorin, die sich uns ausgedacht hat. Sie arbeitet seit zwei Jahrzehnten als Staatsanwältin. **Rabea Eschenhagen** ist Studentin und hat die Bilder gezeichnet.

Gähn! Alles nix Neues.

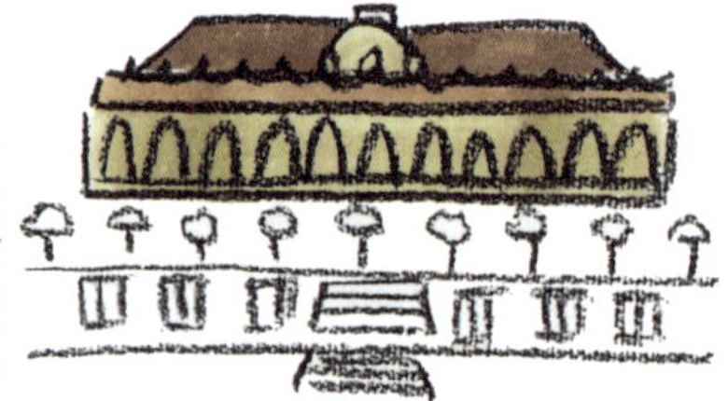

Doch. Dorothea und Michael.

Und wer ist das schon wieder? Lass mich raten: Ghostwriter???

Ganz bestimmt nicht. **Dorothea Böhland** und **Michael Schremmer** sind Verleger. Sie haben uns im Böhland & Schremmer Verlag aufgenommen.

Das heißt, ihnen gehört der Laden, der unsere Geschichten herausbringt?

Du sagst es.

Weiß Jonathan davon?

Natürlich. Er und Didini überlegen schon, die beiden in Berlin-Tempelhof zu besuchen.

Anna Eschenhagen

Geister fahren Straßenbahn

»Morgen sechzehn Uhr, Computerraum. Alles Weitere dann«, lautet Paulas Nachricht. Herkules langweilt sich so sehr, dass er mitten in den Ferien freiwillig zur Schule geht. Prompt stolpert er in seinen ersten Kriminalfall. Hat der chaotische Schulgeist Jonathan von Nobelnobel seine Finger im Spiel? Und wer rast so halsbrecherisch durch die Stadt, dass selbst Geister ihm den Führerschein entziehen wollen?
Betrüger, eine Schatzsuche, Blindgänger aus dem Zweiten Weltkrieg – auf Herkules und seinen bunten Freundeskreis warten jede Menge Abenteuer. Selbst eine Reise nach Nordengland führt sie auf die Spur von Verbrechern und faulem Zauber. Zwar bringt so manche Verfolgungsjagd Kinder und Geister an ihre Grenzen. Doch zusammen sind sie unschlagbar.
Sechs aufregend-vergnügliche Spukkrimis, in denen sich Geister verlieben, die Spukbehörde überlisten, Bösewichte zur Strecke bringen und – Straßenbahn fahren.

» Endlich eine geistreiche Lektüre! « *(Magische Allgemeine Zeitung)*
» Bahnfahrten mit freundlichen Spukbegleitern. « *(Mitternächtliche Reiserundschau)*

224 Seiten (101 Abbildungen und Illustrationen)
15,5 x 21 cm; Softcover, Fadenheftung
16,95 € (D) 17,30 € (A) 19,00 CHF
ISBN 978-3-943622-66-9

Besuchen Sie uns im Internet:
www.boehland-schremmer-verlag.de

Böhland&Schremmer Verlag Berlin

Steven Lundström · Birgit Christiansen

Na, wer bin ich ?
Tierrätsel von A bis Z

Bewehrt mit starken Krallen
Geh ich auf allen Vieren
Durch Wiese, Wald und Flur.
Wer bin ich nur?
...

In *Na, wer bin ich? Tierrätsel von A bis Z* nehmen der Autor Steven Lundström und die Illustratorin Birgit Christiansen Kinder und Erwachsene mit auf eine spannende Reise durch die Welt der Tiere. Nicht nur in gereimten Rätseln, sondern auch in zahlreichen farbenfrohen Illustrationen warten viele Tiere nur darauf, entdeckt zu werden. Obendrein gibt es Interessantes zu erfahren. Denn im zweiten Teil des Buches erzählen die zu erratenen Tiere vieles über ihre faszinierenden Eigenheiten und erklären dabei so manch rätselhafte Anspielung.

Eine kurzweilige und aufregende Expedition!

Die Rätsel und Texte eignen sich zum Vor- oder Selbstlesen für Kinder ab 5 Jahren.

128 Seiten (66 Abbildungen und Illustrationen)
14,8 x 21 cm; Hardcover, Fadenheftung
17,00 € (D) 17,30 € (A) 19,00 CHF
ISBN 978-3-943622-63-8

Steven Lundström · Birgit Christiansen

Die Pinguingang
Band 1
Eine beinahe wahre Geschichte

Sie nennen ihre Welt *Das Große Weiße Kalte Land* und *Das Große Meer*: eine weite unwirtliche Welt aus Eis und Schnee, aus Licht und Dunkelheit, aus Wind und Sturm. So war ihre Welt seit alters her und so ist sie noch heute. Es ist ihre Welt – die Welt der *Großen Wasserflieger*. Doch mehr und mehr ändern sich *Das Große Weiße Kalte Land* und das *Große Meer* – immer weniger Kälte und immer weniger Schnee und immer weniger Eis. Viele *Große Wasserflieger* glauben, dass dies mit den *Waibs* zusammenhängt – den Wie-auch-immer-Beinern. In dieser Lage entschließen sich acht Küken der *Großen Wasserflieger*, die Waibs zu erforschen, mit ihnen Kontakt aufzunehmen und so ihre Welt aus Kälte, Wasser, Eis und Schnee zu retten. Die Pinguingang gerät dabei in abenteuerliche Situationen und entdeckt zugleich die schönen und beängstigenden Momente des Heranwachsens. Die Küken sind altklug, neugierig, schlau, mutig, albern, aber auch furchtsam und auf ihre unverbrüchliche Freundschaft angewiesen.

184 Seiten (93 Abbildungen und Illustrationen)
25,6 x 18,2 cm; Hardcover
19,50 € (D) 20,10 € (A) 22,00 CHF
ISBN 978-3-943622-50-8

Besuchen Sie uns im Internet:
www.boehland-schremmer-verlag.de

Böhland&Schremmer Verlag Berlin

Steven Lundström · Birgit Christiansen

Die Pinguingang
Band 2
Die Große Reise ins Land der Vielen Inseln

Die hohe See riecht nach Unwetter und der Himmel dräut. Wenig später stürzen Sturmwolken von oben auf sie herab und von unten türmen sich Wellenberge auf. Doch Emma und Frieda fliegen unbeirrt durch das *Große Meer* auf das *Land der Vielen Inseln* zu. Und kaum, dass die Welt wieder zur Ruhe gekommen ist, wartet schon das nächste Abenteuer auf die beiden Kaiserpinguine. Schwarz-weiße Wesen nehmen die Verfolgung auf. Nur um Federsbreite entkommen Emma und Frieda den Jägern! Sie landen auf der *Insel der Scharfzähne*. Und dort, im *Land der Vielen Inseln*, beginnt ihre Mission ...

Im zweiten Band der »Pinguingang« begegnet das Team Emma und Frieda gestreiften und felsenhüpfenden Verwandten, fremden Tieren und Pflanzen. Die beiden finden neue Freunde, treffen auf Traumreisende, nehmen Kontakt zu den Wie-auch-immer-Beinern auf und erforschen deren Lebensweise und Geschichte. Bei allem verfolgen sie ein Ziel: die seltsamen Wesen auf zwei Beinen davon abzubringen, ihre Welt zu zerstören.

256 Seiten (126 Abbildungen und Illustrationen)
25,6 x 18,2 cm; Hardcover
24,80 € (D) 25,50 € (A) 26,00 CHF
ISBN 978-3-943622-55-3

Lektorat / Redaktion
Böhland & Schremmer Verlag

Design / Gestaltung/Bildbearbeitung
Böhland & Schremmer Verlag

Datenkonvertierung / Satz / Einbandgestaltung
Böhland & Schremmer Verlag

Illustrationen ©Rabea Eschenhagen

Coverillustrationen: ©Rabea Eschenhagen

Gesamtherstellung
Böhland & Schremmer Verlag

Druck und Bindung
Druckhaus Sportflieger Berlin

Printed in Germany

ISBN 978-3-943622-67-6

www.boehland-schremmer-verlag.de
info@boehland-schremmer-verlag.de

Bibliografische Information der Deutschen Nationalbibliothek
Die Deutsche Nationalbibliothek verzeichnet diese Publikation in der Deutschen Nationalbibliografie; detaillierte bibliografische Daten sind im Internet über http://dnb.dnb.de abrufbar.

Anna Eschenhagen – Geister im Computerfieber